希望父母用深切的爱和尊重对待你的孩子。

用松弛感与孩子建立联结,

你的改变将意味着孩子的改变。

有松弛感的家庭,孩子从小幸福到大。

紫图图书 出品

松弛感养育

允许一切发生 接纳孩子的不完美

[西班牙] 阿玛雅·德·米格尔 著

陈语 译

天津出版传媒集团

天津科学技术出版社

著作权合同登记号：图字 02-2024-184 号

Original title: Relájate y educa: Soluciones eficaces para los conflictos cotidianos
Copyright © Amaya de Miguel, 2021
First published by Plataforma Editorial S.L.
All rights reserved.
Simplified Chinese Translation Copyright © 2024 by Beijing Zito Books Co., Ltd.

The simplified Chinese translation rights arranged through Rightol Media
（本书中文简体版权经由锐拓传媒取得 Email:copyright@rightol.com）

图书在版编目（CIP）数据

松弛感养育 /（西）阿玛雅・德・米格尔著；陈语译 . -- 天津：天津科学技术出版社，2024.10
ISBN 978-7-5742-2528-2

Ⅰ . G78
中国国家版本馆 CIP 数据核字第 2024DM1494 号

松弛感养育
SONGCHIGAN YANGYU

责任编辑：宋佳霖
责任印制：刘　彤

出　　版：	天津出版传媒集团
	天津科学技术出版社

地　　址：天津市西康路 35 号
邮　　编：300051
电　　话：（022）23332490
网　　址：www.tjkjcbs.com.cn
发　　行：新华书店经销
印　　刷：艺堂印刷（天津）有限公司

开本 880×1230　1/32　印张 8.5　字数 148 000
2024 年 10 月第 1 版第 1 次印刷
定价：59.90 元

目 录

前言

- 让孩子们跟随松弛的旋律 · 01
- 你的孩子不是麻烦，他也有自己的困难 · 03
- 爱与坚定 · 05
- 你是孩子的引导者 · 07
- 为什么奖励、惩罚和威胁无效 · 08
- 学习新的教育方法和语言方式 · 10
- 如何阅读本书 · 11
- 用游戏训练点燃孩子的积极性 · 13

第1章　在早上

制定合适的时间表，给孩子松弛的节奏

- 不愿起床 · 003
- 不想上学 · 007
- 上学拖延 · 009
- 不知道选哪件衣服 · 013
- 感觉衣服不舒服 · 016
- 出门费劲 · 018

第2章　在晚上

建立松弛和安静的入睡环境

- 拒绝上床睡觉 · 023
- 不想做睡前准备 · 027
- 睡前变得很活跃 · 030
- 找借口不睡觉 · 032
- 需要陪同才能入睡 · 036
- 晚上经常醒 · 040

第3章 卫生和个人护理

用游戏帮孩子养成良好的卫生习惯

- 小孩子抗拒刷牙 · 049
- 大孩子厌烦刷牙 · 052
- 不想洗澡 · 054
- 不愿意洗头发 · 058
- 不想让家长梳头 · 060

第4章 收拾和整理房间

和孩子一起商量整理房间的时间和频次

- 不愿收拾房间 · 065
- 物品不放回原位 · 070
- 不主动收拾房间 · 073

第5章 孩子之间有冲突

不要盲目干预孩子之间的冲突

- "我宁愿没有哥哥" · 079
- 两个孩子之间的冲突 · 082
- 大孩子欺负小孩子 · 084
- 孩子们总打架 · 087
- 大孩子不理会小孩子 · 091
- 为小事而争吵 · 093
- 互相竞争 · 096
- 总想赢过对方 · 099

第6章 情绪管理

对孩子多一些耐心和包容,允许他表达情绪

- 请求被拒绝,就会生气 · 105
- 无法摆脱愤怒,陷入坏情绪 · 109

- 对任何事都说"不" · 113
- 不尊重甚至辱骂家长 · 115

第7章 正确使用电子产品

和孩子一起制定使用电子产品的规则

- 沉迷于电子游戏或看电视 · 129
- 不让女儿看动画片来惩罚她 · 131
- 孩子一边做作业，一边玩手机 · 134
- 关掉手机是一场战斗 · 136

第8章 家庭作业

用寓教于乐的方式，提高孩子的学习动力

- 做作业时分心 · 142
- 对学习不感兴趣 · 145

第9章 社交能力与性格培养

用讲故事的方式，让孩子学会与他人相处

- 总是一个人玩 · 151
- 不会结交朋友 · 153
- 在学校被霸凌 · 156
- 不会拒绝，总是退让 · 158
- 不会认输 · 163
- 不愿分享 · 168
- 不让家长和别人说话 · 170
- 不想和其他人亲近 · 172
- 害羞或尴尬 · 174
- 专横 · 177
- 总是给家长下命令 · 180
- 说脏话 · 183
- 总是大喊大叫 · 185

第10章 关于吃饭

吃饭是分享和联系的时刻，
创造愉悦的用餐气氛

- 不愿尝试新的食物 · 193
- 连 5 分钟都坐不住 · 195
- 吃饭拖拉 · 196
- 吃得太少 · 198
- 偷吃食物 · 201
- 吃得太多 · 203

第11章 关于玩耍

玩是孩子的天性，也是他们的主要活动

- 把家里搞得一团糟 · 209
- 玩水弄湿浴室 · 212
- 喜欢乱涂乱画 · 214
- 乱翻东西 · 216
- 在家里吵闹 · 218

第12章 破坏行为和意外受伤

教孩子如何正确使用物品以及注意事项

- 吃东西时会弄脏衣服 · 223
- 总是弄坏东西 · 226
- 经常摔倒 · 229

第13章 外出活动

引导孩子融入集体，唤醒集体意识

- 在旅途中总是哭闹 · 236
- 因为害羞，不想参加家庭聚会 · 238
- 不和其他孩子一起玩 · 240
- 外出就餐时表现得很糟糕 · 241

后记

- 有松弛感的孩子走得更远 · 244

前 言

让孩子们跟随松弛的旋律

我的孩子们是在美国上的第一所学校。在这所学校里，老师会用歌曲发出指令。当老师开始唱某一首固定的歌曲的时候，孩子们会在没有听到任何语言指令的情况下，停下他们正在做的事情，开始整理教室。还有一首集合时唱的歌，一首洗手时唱的歌，一首排队时唱的歌……在这所学校里，孩子们几乎不会接收到语言指令。但是，他们非常清楚在什么时间应该做什么，而且他们做起来相当容易。

很快，我开始在家里应用学校的这套方法并发现它是有效的。我在家里不再使用命令式语气，取而代之的是借助歌曲。孩子们理解了这些歌所代表的含义，很快就开始做应该做的事情。

我告诉我的学生，你们必须成为"哈默林的吹笛人"[①]。我知道这是冒险的，因为吹笛人是违背父母们的意愿，把孩子们从家中带走。其实，我只是借用吹笛人的形象：一个吹笛子的成年人，一段让孩子们跟着走的松弛的旋律。

如果吹笛人是一个宽容的成年人，他会问孩子们很多问题，比如："你们想让我吹什么曲子，这支还是那支？""你们想让我吹笛子，还是吹萨克斯管？""你们准备好了吗？你们想我们现在就走，还是过一会儿再走？"

如果吹笛人是一个霸道的成年人，他会对孩子们喊道："现在，所有人都要和我在一起！只要我开始吹笛子，你们就得跟着我，明白了吗？谁不跟着，谁就得承担后果。"

而故事里，哈默林的吹笛人只是吹响松弛的旋律，引起孩子们的共鸣，孩子们便毫不犹豫地跟着他走了。

作为有孩子的成年人，我们可以找到最适合的旋律让孩

[①] 《哈默林的吹笛人》故事起源于德国的民间传说。相传有一个镇子闹鼠患，居民们雇了一位穿着彩色服装的捕鼠人。这个捕鼠人吹响带有魔力的笛子把老鼠们引到河边，老鼠们跳进河里，全部被河水冲走了，可是居民们拒绝向他支付报酬。气愤的捕鼠人发誓要报复，他再一次吹响了带有魔力的笛子，把镇子里的孩子们全都引到了山里，消失不见了。只有一个小孩，因为走路速度跟不上其他孩子，最后一个人哭着回来。——本书脚注均为译注

子们跟随。歌曲、游戏和故事都是非常有效的旋律，也能在成年人和孩子之间建立牢固的联系。这种联系将在你们心中建立一种强大的家庭感、团队感和群体归属感，进而家庭就会运转得更好，对每个家庭成员来说也会更容易。

你的孩子不是麻烦，他也有自己的困难

当孩子拒绝服从我们的命令时，我们会生气，因为我们自然而然地认为他在使性子、不听话。如果他不理人，或者他欺负弟弟，不做家庭作业，不想上床睡觉，我们同样会发火。面对这些情况，成年人会采取强硬的行动：有时我们会喊叫、惩罚，甚至威胁孩子。当孩子失控，比如尖叫、大哭、拒绝做某件事或有攻击性行为时，或者是当孩子摔倒、不爱干净、弄脏衣服、打碎杯时，我们也会有这样的反应。

我们的反应使孩子成为一个麻烦：孩子成了家庭顺利运行的障碍。

当你感到愤怒时，你就是在阻止你的孩子恢复平静。举个例子：你的孩子不想摆桌子准备吃饭，因为他不喜欢这样做，而更愿意专注于他正在做的事情。那是因为他的大脑在寻求愉悦感，所以他拒绝摆桌子。他没有任何动机。与此同

时，他的大脑知道他应该怎么做。面对这种矛盾，孩子会感觉不舒服，情绪开始失去平衡：他意识到他应该去摆桌子，而他拒绝这么做。这是一个巨大的内在冲突！压力正在你的孩子身上累积。

除了内心紧张，孩子还有另一种压力：他知道你会生他的气。当孩子预见到你的不快时，他内心的紧张感就会增加。而且，当他内心的紧张感越强，摆桌子的阻力就越大。最后，当你生气的时候，孩子就会"爆炸"（他体内仿佛形成了一个高压锅），你也是如此。

根据我的经验，面对这种情况时，成年人心态的改变会带来巨大的好处。从现在开始，我希望你能意识到你的孩子遇到了困难，一个教育者的使命是帮助孩子去处理困难。重复这句话可能会帮助你做到这一点："我的孩子不是麻烦，他也有自己的困难，我的任务是帮助他。"

在孩子不想摆桌子的例子中，你需要考虑你可以在日常生活中做出哪些改变，从而使孩子更容易完成任务。我可以让他在开始玩之前就把桌子摆好吗？甚至在上一顿饭后就整理好桌子吗？孩子需要我为他做什么？我能把这个任务变成孩子与我联结的时刻吗？

当你重新思考处理事情的方法时，你将会帮助孩子克服困难。

爱与坚定

你在本书中学到的策略，玩游戏、唱歌或画画，可以运用到很多场景中。根据我作为三个孩子的母亲和家长教育工作者的经验，这些策略在减轻情绪压力、内化积极行为方面非常有效。

然而，玩游戏、唱歌或画画不应该削弱你在教育中的坚定。这点很重要，因为它意味着一致性和清晰性。==坚定也是为了孩子的安全。坚定不是威权，它只是意味着你遵循的教育原则是明确和稳定的==。作为一个成年人，你要定义教育孩子的原则并确保孩子遵守。

想象一下，你有一张地图，可以帮助你从 A 点导航到 B 点，但 A 点和 B 点的位置每天都在变化，所以你生活在很大的不确定性中。今天我如何到 B 点？如果我试着走昨天的路，会发生什么？

我希望你画一张地图，上面的 A 点和 B 点总是在同一个地方，这样你和家庭成员都不需要临时摸索去弄清楚你们的日常生活方式。

我还是拿地图举例，但上面的 A 点和 B 点每天都在变化。

第一天：今天你很紧张，你必须完成一项工作，不想有任何干扰。当你和你的女儿们经过糕点店时，她们想要买一个蛋糕。如果你为女儿们买了，你可以省去为她们做蛋糕的工夫，于是你说"好的"。

第二天：今天你心情很好，很放松，你有时间在家里照顾女儿们了。当你们经过糕点店时，她们又想吃蛋糕。你告诉她们不行，因为你知道你有时间做蛋糕。她们坚持要买，而你说不买，但她们仍然执意要买，你不想为此生气，于是你买了蛋糕。

第三天：你连续两天给她们买了蛋糕，感觉不太好。今天你下定决心为她们准备健康的蛋糕。当你们经过糕点店时，她们又要求你给她们买蛋糕，你拒绝了，但她们坚决要买，最后你生气了。

由此可见，在这个家庭中没有一张清晰的地图。无论成年人还是女儿们，都不知道什么时候可以吃蛋糕。规则是临时制定的，因此冲突不断。

如果你有一张清晰的地图，事情会容易得多。比如：在你的家里，你已经规定好在每个星期五女儿们放学后，你会给她们买一个蛋糕。如果其中一个女儿在一周中的其他日子要你买蛋糕，你只需要提醒她要等到周五。最重要的是，如果你始终保持坚定，她们几乎不会要求你在一周的其他日子给她们买蛋糕吃。

你看到区别了吗？"坚定"是一张地图，让每个家庭成员都知道你的家庭是如何运作的。当每个家庭成员都知道这个机制时，你们就省去了无数次的冲突和讨价还价。规则可以通过玩游戏、唱歌或画画来实施，但要保持坚定，这将给你和孩子们带来所需的安全感。

你是孩子的引导者

从现在开始，请你想象你是驾驶公交车的人。你知道是否该左转或者右转，在哪里停车，当到达环形交叉路口时，你知道往哪走，能发现你的车是否没油了。

你的孩子不是司机，他们是乘客。当他们告诉你想上厕所、饿了或头晕时，你应当倾听并照顾他们。你需要知道他们是否愿意停下来。如果旅行变得非常沉闷，你得哄他们开心。

这个比喻如何适用于养育子女？你们的价值观，你们的义务，你们的教育原则，你们的作息，电子产品的使用……一切都由你决定。影响整个家庭的事情都由你说了算。你要知道，你的每一个决定都可能影响孩子的成长和发育。

但当面对非常个人的问题时，你的孩子则可以自己做决定：穿什么衣服、玩什么游戏、梳什么样的头发……他们关心的领域，在不违反道德规范的情况下，你给他们越多自由越好。随着孩子的成长，这一范围将会扩大：当你的孩子1岁时，你几乎参与了他做的每件事；当他12岁时，你基本上就没有可插手的事情了。

记住，你是驾驶公交车的人。即使你的孩子不同意旅行路线，也不要让他们影响你做决定。

为什么奖励、惩罚和威胁无效

想象一下，你走在街上，遇到一个人摔倒了，无法站起来。当你看着他，有人走到你身边，告诉你以下三句话：

"如果你扶他站起来，我就奖励你在任何你想去的酒店住两晚，你可以和任何你想带上的人一起去。"（奖励）

"如果你不扶他站起来，你就不能在周六和同事一起吃晚饭。"（惩罚）

"马上去扶他，否则我就揍你！"（威胁）

面对这样的奖励、惩罚或威胁，你可能会采取行动，帮助他站起来。但是，如果你一直都受到这样的教育，当没有人给你奖励、惩罚或威胁时，你很可能在很长一段时间里都不会帮助别人，因为你已经习惯了出于外部动机而行事。

当我们为达到目的去奖励、惩罚或威胁孩子时，就会有这样的后果。让我给你举几个例子：

我对女儿说：如果你吃蔬菜，我就给你吃巧克力。

我女儿领会到：吃蔬菜的唯一奖励是可以吃巧克力。如果没有巧克力，我就不吃蔬菜。

我对女儿说：如果你打弟弟，你就回你的房间反思一下。

我女儿领会到：不打弟弟就不用回房间。当我的父母不在这里，我可以打我的弟弟。

我对女儿说：如果你取得好成绩，我就奖励你一部手机。

我女儿领会到：在学校努力学习的动力是为了拥有手机。当我有了它，我就不用再努力了。

在上述例子中，我们教孩子在外部动机（吃巧克力、对回房间反思的恐惧、拥有手机）的驱使下采取行动，我们并没有达到真正重要的教育目标：<mark>将积极的行为内在化。</mark>我们没有教导孩子健康饮食的重要性，没有在情感上指导他们不要攻击兄弟姐妹，我们也没有向他们灌输责任感和努力的意义。

我在这本书中给你提供的方法将帮助你的孩子通过积极的行为建立内在动力，这种动力将伴随他们一生。

学习新的教育方法和语言方式

我的许多学生下定决心不在家里大喊大叫。他们早上醒来，期待这是美好的一天。"今天一切都会好起来的。"他们对自己说。他们有着美好的意愿和强大的意志力。

可当这一天开始时，和其他任何一天没什么两样，总是发生冲突：男孩不想起床，女孩拖拖拉拉，兄弟姐妹纠缠扭打……于是，成年人维持不住早上的美好期待了。他们意识到事情发展不对劲，孩子们上学要迟到了，阻止危机的唯一方法就是借助他们惯常使用的工具：喊叫和威胁。

我们才起床半小时，今天的期待就已经落空了。就像昨天一样，前天也是如此。那么我们能做些什么呢？我们怎样才能避免重复这样的日子呢？除了意志力和美好的意愿，我们还需要做什么？

问题的关键是，要采取不同的方式做事。改变不起作用的方法，用更好的方法取而代之，还要不断更新你的教育方法。这就是阅读这本书的收获：学习新的教育方法，使你能够从一个新的角度处理育儿日常遇到的困难。

当成年人改变处理冲突的方式时，孩子的反应也会改变。到目前为止，你和孩子"习惯"了一种语言："直到我喊叫，你才听话"。如果你开始说另一种语言，你的孩子也会学习并开始说它。游戏的语言，默契的语言，深刻尊重的语言，这是接下来我想教你的语言。

如何阅读本书

近年来，成千上万的父母向我求助，有些是通过打电话，有些是通过电子邮件，还有一些是通过我的社交网站和我的月度栏目《与阿玛雅一起的星期二》，他们向我提出了数千个问题，想解决他们家庭生活中的日常困难。接下来，你会发现这一系列典型的问题，这些家庭的问题在很多方面与你遇到的相似。因为，尽管你的家庭是独一无二的，但在很多情况下，大家遇到的问题是有普遍性的。

本书列举的问题和评论都是真实的。有些是重复问题，本书进行了概括，有些则是逐字记录。在每种情况下，我只修改了提出这些问题的人的名字。==我的教育方法源自我的教学原则：深刻尊重、玩耍、理解孩子、温和而坚定，最重要的是，让孩子看见父母对他的爱。==

你可以按照自己喜欢的顺序来读这本书。它的结构不是线性的，而是灵活的，所以你可以从能够解答你认为最复杂问题的地方开始阅读。本书的目录非常明确具体，因此你很容易就能找到对应的章节。在本书的最后，你可以找到最常见的日常冲突的成功解决方案的索引，也许它会帮助你。

但我还是建议你阅读整本书，因为也许某个能帮助你的方法会在你忽略的章节中出现。以灵活的态度去阅读它，我提供给你的是一个指南，你可以比照着调整你的现状、教育方法和处境，以及我在本书没有描述的情况。基于爱、联系、深切尊重的策略适用于许多场景。相信你可以把它们掌握在手，将其内在化成为你自己的方法，并应用在你的日常生活中。

用游戏训练点燃孩子的积极性

在接下来的几页中,你会发现以下图标:🏀。我们用它来识别源自幽默感、游戏、歌曲和故事的训练工具,以及实用的教育方法。在我作为母亲和家庭导师的经历中,这些工具非常有效地解决了我日常生活中最困难和复杂的情况。

游戏训练是一种平和的策略,它加强了父母与孩子的联系,能让孩子感到被关心、被爱护和被尊重,同时引导他们做出积极的行为。如果孩子在几乎没有意识的情况下,接收到你的温柔和深深的尊重,他们就更容易跟随你。

这个策略虽不适用于所有日常情况,但我向你保证,它可以成为你最常用的工具之一。它非常有效,能避免愤怒和对抗。有了它,你将在家里创造一个良好的氛围,改善与孩子的关系,也能减少家庭成员间的敌意和怨恨。

游戏训练比喊叫、惩罚或奖励更能激发孩子的内在动力,这将成为你最喜欢的旋律,你的孩子会更容易做出积极行为,整个家庭也将紧密联结在一起。

第 1 章

在早上

给你们的早上赋予孩子所需要的松弛的节奏,
并尝试与孩子建立联系,
同时在他们需要时陪伴着他们,
而不是不断地催促他们。

当我在课堂上问学生，在家的一天中什么时刻最糟糕时，许多人认为是早上，原因在于早上有很多事情要做，并且需要迅速高效完成。此外，早上还有一些对我们不利的因素：孩子们困意满满，不想起床，他们不愿意按照我们的要求去做（或者去上学）。管理我们的焦虑和对孩子有耐心不是一件容易的事。也正因为如此，在这件事情上我们日复一日地经历着同样的失败。

==起床和睡觉是一天中最重要的两个转变==，我们每个人在这两种情况下经历的变化都是剧烈的：==身体从处于静止到开始活动，环境从安静到嘈杂，精力从困顿到充沛，光线从黑暗到明亮，或者反过来==。这些转变相当巨大，很多时候，孩子们并没有做好轻松度过和接受的准备。可以说，他们的大脑"抓住"了他们当下所处的情境，而不想离开那里进入下一个情境。

如果你仔细想想，你身上也发生着同样的事情：尽管你知道你必须起床，可依然懒在床上；即使你已经非常困倦，并且天色已晚，你依然不肯放下手机。你也在为转变而费工夫。了解自己将帮助你引导孩子，而不是攻击或批评他们。我的目的就是让过渡变得有吸引力，这样你的孩子才不会觉得那么困难。

接下来，我将为你提供更容易度过早上时间的办法。

不愿起床

> 胡妮："我不知道如何叫醒我的两个女儿。我走进房间，给她们唱歌，亲吻她们。她们生气地说她们想继续睡觉。直到我发火了，她们才起床。每天都是这样。"

我想让你做一件事：==观察你们的习惯，并改变那些行不通的==。不只是在早上，还在于你生活的各个方面。我们太忙碌，以至于很难停下来，看看哪里出了问题，然后做出改变。

在上面的情境中，孩子们自己说出了问题所在：她们需要更多的睡眠。这就是她们生气，不想起床的原因。你能改变自己的节奏和习惯，以满足孩子们睡觉的需求吗？我的许多学生都提前了孩子们的睡觉时间，由此解决了两个问题：睡觉（如果早睡，起床时就不会感觉太累，也往往很少产生焦虑感）和起床（因为孩子们睡够了就会起床）。

当孩子们有繁重的家庭作业，每天还要玩一小会儿游戏或去公园玩耍时，提前入睡是很难实现的。那么，孩子们有没有可能减少去公园玩的时间？请你观察你们的习惯和日常作息，并做些调整，以确保你的孩子们有足够的睡眠时间。为了避免每天早上的冲突，为了提高她们的学习成绩，改善她们的情绪和社交关系，为你带来宁静和平衡……睡个好觉对每个人来说都是必要的。你可能有过这样的经历，有孩子的成年人在最初的几年里睡得很差，这让我们感觉不适。所以，孩子们也需要过渡。

🏀 早上与孩子的第一次见面必须是在与他们有联结之后。进入卧室后，不要给他们发出任何指示。你可以唱歌，开个玩笑，给他们按摩，轻轻地挠痒痒，坐或躺在他们身边，或者做任何你知道他们会喜欢的事情。你也可以给他们讲一个故事，或者以洋娃娃的口吻说话，这样会让他们更容易醒来。在你的日程表上，为早上的联结时间预留 5 分钟；花一点时间，就可以使孩子不以敌意和对抗开始新的一天。

根据孩子的睡眠需求调整作息时间

如果孩子没有睡够，那么想让他们高兴愉悦地起床的策略就不会奏效。在许多情况下，孩子早上情绪低落、懒散，是因为他们没有休息好，需要继续躺在床上。这不是任性行为，而是必要的需求！

根据我与许多家庭交流的经验，对他们来说，叫孩子起床是一个日常难题，解决方案包括改变作息时间。最好是孩子能自然醒来，不需要闹钟。这就要求他们早点儿睡觉，或者提前吃晚饭。但是，如果孩子有课外活动和家庭作业，怎样提前睡觉呢？在这种情况下，我的建议是减少或取消课外活动，尽早完成作业。如果作息时间不符合孩子的实际需要，他们的学习成绩、社交技能可能会受到影响，他们还可能情绪低落和失控。

此外，提前睡觉有很大的好处：一方面，它通常会让入睡过程更容易，因为我们所有人（包括成年人）都得到了更多的休息；另一方面，如果我们在孩子太累之前让他们睡觉，他们就更容易放松和入睡（如果孩子在自然睡眠时间过去后就寝，他们就会过度兴奋，难以入睡）。对于成年人来说，在一天结束的时候能有自己的时间是非常美妙的事情。

如果你根据孩子的实际需要调整作息时间，就可以避免晚上和早上的冲突，获得平和的心境，孩子也会情绪稳定，或许会有惊人的智力表现。相信我，对他们的发展来说，这比他们在课外学到的东西更重要。

你想让我怎么叫醒你？

贝戈尼亚说：“自从我听你说过'比萨按摩'后，现在起床的时间就成了一段美好的时光。为了叫醒孩子们我试着这样做了，我一边给他们讲故事，一边给他们按摩，他们很喜欢。现在每天晚上，当我们说晚安之后，他们会告诉我想要以什么形式醒来：小扁豆、独角兽、数学、惊喜。我可以告诉你，他们脸上的笑容是无价的，而之前我只是干巴巴地说：'好了，快去睡觉，已经很晚了。'”

在其他国家，天已经亮了！

纳蒂说：“为了叫醒我的孩子们，我告诉他们，在其他国家，天已经亮了，然后我开始用那个国家的语言说话。他们都笑了！”

不想上学

> 伊丽莎白:"对我们来说,一天中最糟糕的时间是早上,因为我们的儿子不想去上学。我不明白,他在学校里玩得很开心,而且放学时也总是很满足。但早上就很糟糕,他什么都不想做,他生气、不穿衣服、不吃早饭……"

即使他在学校感觉很好,离开家对他来说也是一项艰巨的任务。这种情况发生在许多孩子身上,就像成年人不想去上班一样。首先要确保你的孩子在学校里是快乐的:和朋友、老师间,以及学习都没问题。如果孩子的表现都没有问题,却仍然不想去上学,该怎么办呢?

如果你的孩子状态很好,每天都很开心地离开学校,那就询问他为什么很难离开家。因为家是最好的地方!即使他长大了,也不要试图说服他上学有多么美妙,有时候父母很难懂得孩子的感受。

当你去接到孩子,他心情很高兴时,你可以告诉他:

"你的笑容很灿烂。我相信你度过了美好的一天，对不对？"

当你和他说再见的时候，对他说："我知道说再见很难，但我也知道今天我接你放学的时候，你会很开心的。"

==每天帮助孩子回忆在学校经历的积极的事情，会对孩子有帮助。==在你和他道别之前，你可以告诉他："等我接你的时候，你跟我说说在学校发生了什么有趣的事情。"至少让孩子说一件积极的事情。

🏀 我女儿带了一只我的手镯到学校，对她有很大的帮助。当她想念我的时候，她可以抚摸它。这个物件可以是项链、钥匙、手帕……任何一个可以随身携带的能让孩子想起你的东西。

🏀 每天给你的孩子写一张特别的纸条，把它放在孩子的背包里，告诉他到了教室才能打开它。通过这种想象的方式，他就有了去上学的动力。你可以在纸条上画一幅画，写一句美妙的句子、一则笑话……一些让孩子高兴的东西。当然，每天你要写一张不同的纸条。

上学拖延

玛卡雷娜:"我6岁的儿子每天在该去上学的时候就开始玩。他可以拿任何东西玩,既不吃早饭,也不穿衣服,直到我生气地大喊。每天都是如此。有一次他穿着睡衣就走了,还有一次没穿鞋就下了车。"

这位母亲可能每天醒来都在期待事情一切顺利。她不想大喊大叫,也不想生气……毕竟,她的儿子只是在玩。但当上学的时间快到了,孩子仍然没有准备好,她不知道该怎么办了。我可以想象她的紧张和绝望:"我已经告诉过他十次了,他为什么还没穿衣服?"最后,她借助了最不喜欢的方法:吼叫。

让孩子早上不拖延的最好方法就是一直和他们在一起,在游戏中陪伴他们完成任务。孩子喜欢玩吗?你可以把穿衣服的时间变成一场游戏!

和你的孩子玩在一起,会大大减少冲突:你是他的依靠和支柱,让他不会迷失方向,让他完成不感兴趣的任务(穿衣服）变得更容易。

我知道对很多父母来说，早上和孩子们在一起是很难办到的。他们是大孩子了，知道如何自己穿衣服，你还得准备早餐和照顾小孩子。如果是这样，当你准备早餐的时候，你的孩子可以在厨房里穿衣服吗？很多时候，他们唯一需要的就是你的陪伴，以及给他们足够的关注。

你的孩子需要你的陪伴。即使是 13 岁的孩子，去上学也可能是一项艰巨的任务（他的大脑只想要即时的快乐和满足）。如果他穿衣服的时候你在旁边，而且你们还一边穿衣服一边聊天或者开玩笑，他会感觉到幸福，对他来说穿衣服会更容易。

⊛ 你可以穿得像个机器人一样，唱歌或者表演。

⊛ 如果你的孩子已经大了，你可以在早上和他聊天，你可以在前一天晚上想好上学时要给他讲的故事。你也可以拉起他的胳膊，把他从卧室带到厨房，然后从厨房带到卫生间，就好像你们是两个玩得很开心的朋友。你的引导将使去上学的过程变得简单。

⊛ 对年龄较大的孩子来说，开玩笑和猜谜很有帮助；如果你想不出来,可以提前准备好,你可以在网上找到它们,以便早上可以讲给他们听。

🏀 如果你的孩子喜欢音乐,你可以在前一天晚上选好第二天早上要听的音乐。你会选择自己喜欢的古典音乐,还是他喜欢的现代、酷炫的音乐?

🏀 如果你的孩子本该吃早餐了,然而他却在客厅里玩或看书,那么你可以这样说,吸引他的注意力:"哦,不好,一个故事抓住了我的孩子,我必须去救他!"或者:"我看到你的房间和那些不想去上学的孩子的房间一样。我要来拯救你!"当你这样做的时候,你是在说出孩子的困难(不想上学或不想停止玩耍),而不是评判他,以此减轻他的压力。

把儿子带到身边穿衣服

玛丽亚说:"为了让我儿子自己穿衣服,我必须在他身边。我要去他的房间,叫醒他,和他在一起,直到他穿好衣服。这花了很长时间!我的时间很紧张,因为我还得准备早餐。现在我把衣服带到厨房,他想花多长时间穿上都行,因为与此同时,我可以准备早餐。这样每天的紧张情况都消失了。"

早上需要松弛的节奏

早上是一天中最宝贵的时刻，成年人倾向于将早上视为一个过渡空间，但我们不是"待在"早上，而是尽可能快地"度过"。相反，对于你的孩子来说，早上或下午没有区别：他们生活在此时此地。他们生活的需求（醒来、玩耍、与你联系、娱乐、与兄弟打架……）在一天中的任何时候都是一样的。我们成年人往往在早上给孩子塞满提示，"起床、穿好衣服、吃早餐、刷牙、做这个、做那个……"，我们不允许孩子"待在"早上。我建议你从现在开始，把你的早上变成"生活"的时间。早点儿起床（为此，你们必须提前睡觉），给你们的早上赋予孩子所需要的松弛的节奏，并尝试与孩子建立联系，同时在他们需要时陪伴着他们，而不是不断地催促他们。

不知道选哪件衣服

胡安:"每天早上,我4岁的女儿都不想穿衣服。我陪着她穿衣服,因为我妻子得照顾我们的小婴儿。女儿不喜欢我选择的衣服,当我让她挑选时,她永远不知道要穿什么。最后,我胡乱地帮她把衣服穿上,她就哭了。我想以另一种方式处理这种情况,但我不知道如何做。"

对许多孩子来说,上学是一件费劲的事情。即使他们在学校表现得很好,从家到学校的过程也是压力和紧张的来源。拒绝穿衣服给了他们一段间隙来推迟离开家。以胡安的女儿为例,女本儿穿衣服时,她的母亲和小婴儿在一起,她会感到被排除在这种联系之外。父母也许没有意识到这个过程:你的女儿不会选择不喜欢的衣服。虽然是无意识的过程,但表现出她内心的抵抗,也不知道如何处理。

在这种情况下,你必须指出她的困难:对她来说,走出家门是非常难的。你必须调整你的语言以适应你女儿的年龄,让她听懂。对于这样一个小女孩而言,你可以说:"当我们穿衣服的时候,'衣服仙女'来了,她不想让你去上学,更想要你和妈妈和小弟弟待在家里。"如果你的女儿年纪较大,你可以说:"我认为是你的身体不想上学,这就是你不想穿衣服的原因。你宁愿穿着睡衣也不愿离开家!在我看来,问题不是你不想穿衣服,而是你不想离开家去上学!"

如果你能和女儿讨论分离困难以及她在学校的情况,那就太好了。如果她能表达自己的感受,而你在不评判她的情况下倾听她,那么她不想自己穿衣服很可能就不再是问题了。此外,你还能了解她在学校的情况是否良好,并在必要时寻求老师的指导。

下一步是最大限度地简化服装的选择。每天早上孩子要做的决定越少,穿衣服的过程就越简单。把孩子所有特别的和其他季节的衣服都整理打包起来,只留下她每天可以穿的衣服。这样她就可以每天(最好是前一天晚上)自己准备她想穿的衣服。

孩子喜欢不同颜色的衣服

埃莉萨说:"我的孩子早上穿衣服不再是问题了!之前,我 4 岁的儿子早上起床时,总是要求穿他没有的衣服:'今天我想穿全套蓝色的。''今天我想穿森林的颜色。'根据阿玛雅的建议,我给孩子买了七件相同的 T 恤,都是不同的颜色。我清空了他的衣橱,只留下了七件新 T 恤和三条非常相似的裤子。我告诉他,每天拿衣服堆里最上面的那件 T 恤,这就解决了冲突。如果有一天他更喜欢另一件 T 恤,他可以毫不费力地把它从衣服堆里拿出来。这个办法在第一天就起作用了!"

❋ 当你的孩子拒绝穿衣服时,你可以帮他穿。你可以非常认真地把裤子放在他的头上,把衬衫的袖子穿到他的腿上,把袜子套在他的手上……他会笑得很开心!由于他看起来很糟糕,他很可能会决定自己穿衣服。

❋ 你可以告诉你的孩子,你们今天可以边穿衣服边跳舞,或者你们可以学着像机器人一样穿衣服,或者你们互相给对方穿衣服,再或者你们闭着眼睛穿衣服。==你的目标是把对孩子来说艰难的穿衣服时刻变成一个有趣的时刻,减少他的不适,成为他的朋友,让穿衣服的过程更加愉快和简单。==

感觉衣服不舒服

> 罗伯塔和马努:"我们11岁的儿子总感觉衣服不舒服,每天早上都要换衣服。通常是袜子,有时是其他衣服。"

有些孩子对任何压迫他们的衣服(袜子、内衣、外套、毛衣)都非常敏感,这让他们感到不适。我的建议是从现在起,你只买宽松、轻便、触感柔软的衣服。你的孩子非常敏感,衣服给他带来了非常恼人的刺激感。你要多理解孩子,并对他耐心些,帮助孩子解决衣服不舒服的问题。

在许多情况下,身体不适是情感困难的表现。根据我的经验,当孩子感觉衣服不舒服时,几乎总是意味着紧张,这种紧张是他们即将与家人分离要去学校导致的。除了让孩子说出这一困难,并像我在上一节中向你展示的那样主动谈论他的情绪,我建议你告诉他,你还有时间穿衣服,可以在不着急的状态下换袜子。事实上,你甚至可以为他多准备几双袜子：穿上一双，其他几双备用。当孩子不再想换衣服时，他的紧张可能就被化解了。

女儿每天早上出门前都要匆忙换衣服

比阿特丽斯说："我 10 岁的女儿自己穿衣服、刷牙、吃早餐……当我们都准备好要出门时，她就要换衣服，因为她总是对一些衣服感到不舒服。她最后哭起来，我们很生气，然后所有人都紧张而匆忙地离开了家。阿玛雅建议我们，要告诉孩子，从现在开始，我们得早点儿做所有事，这样她就有时间在出门之前，不慌不忙地换衣服。我给阿玛雅留言说，我意识到她是不想去上学。后来发生了变化：当女儿知道我们看穿她的心思时，出门前就不再想换衣服了。令人难以置信的是，当我们说出了她的困难，并向她保证，她将有时间换衣服时，经过几个月的挣扎，她就不再这样做了。"

出门费劲

> 克里斯蒂娜:"我们儿子的问题是,即使我们要去做一些他喜欢的事情,我们也很难出门,而且按时回家也是一个问题。"

成年人整天都在敦促孩子:让他们起床、洗手、收拾东西、做作业……有时真的很累!当出门也费力气时,父母时常感到绝望。

你可以这样引导孩子:"现在我们要准时出门了,我知道你很难做到这一点,因为在家里很舒服。但显而易见的是,你是个小朋友,小朋友要外出活动,相信你会玩得很开心。如果今天不出门,你想做什么?"

理想的情况是,你的孩子开始说出想法:"我想待在家里。""我想玩最喜欢的玩具。"……这样在你的引导和鼓励之下,孩子外出的阻力可能会减少。

如果你的孩子超过 6 岁，你可以让他参与寻找解决方案。比如对孩子说："我们走的时候我可以遮住你的眼睛，这样你就会认为我们还在家里。"

🏀 你可以"穿上"他的鞋（由于鞋不适合你的脚，可以把它们放在你的手上），如果他要拿回他的鞋子，告诉他："不要把鞋子从我这里拿下来，我要带它们去外面，因为你不想出门，可这双鞋期待出门呢。而且它们非常适合我，非常舒服，有了它们，我不需要戴手套了。"

🏀 你可以和孩子玩角色扮演的游戏。你变身为一个警察，然后发出像警笛一样"呜啦呜啦"的声音，提醒孩子要出门了，同时在他做准备的时候一直陪着他。

🏀 如果你的孩子对数字感兴趣，好胜心还强，你可以在他准备时计时。你还可以制定一个时间表并在上面记录时间。如果是几个孩子，我建议你不要这样做。如果对几个孩子分别计时，然后比较结果，这是在鼓励孩子们之间竞争，从而增加他们之间的敌对性。

章节摘要

- 找到孩子不舒服的真正原因。他不想去上学吗？他觉得过渡困难吗？如果有问题，并且有能力解决，就尝试去解决它。

- 理解孩子的困难：早上与父母告别是艰难的事情。

- 制定合适的时间表。如果早上你的孩子需要更多的时间做准备，他可能需要早点儿睡觉，早点儿起床。

- 在你们之间创造一种愉快和联结的氛围。

- 陪他做事，他需要你的陪伴。

- 和你的孩子玩在一起，把困难时刻变成游戏时间。

第 2 章

在晚上

你们要尽可能给孩子创造放松的睡眠环境，并且保持睡眠充足。

如果孩子早上起床是困难的，那么晚上入睡可能也是困难的。我的一个女儿在换了国家生活后（我们和孩子们在四个国家一起生活过），夜里哭得实在太厉害，以至于我们担心邻居会报警，以为我们在虐待她！事实上，我们把她抱在怀里，或者让她躺在床上，但无论我们做什么，女儿就是很难入睡，有时她会用指甲和牙齿（还有尖叫）来抗拒睡觉。有一天，当我想到和她一起画一个故事时（我将在下文"和你的女儿画个故事"中向你解释如何做），问题就解决了。

这种具有攻击性的反抗并不是父母遇到的唯一抵抗。有的孩子似乎刚好在睡前就被激活了，哭个不停，有的每天晚上都很生气，有的害怕独自待在房间里，有的每天都要和父母长时间谈判，还有的一次又一次要喝水……这些情况令我们成年人精疲力竭，我们变得没有耐心，希望他们上床睡觉就万事大吉。但这是非常难解决的！

接下来，我将提供一些指导方法，这些方法将帮助你，让夜晚的时刻变得越来越轻松。你将了解到制定时间表的重要性，它能满足孩子休息的需要，并尽快让他们入睡；你将会懂得，孩子们不会选择对他们来说入睡困难的睡觉时间。你应该以松弛的态度来陪伴他们，使他们入睡。

拒绝上床睡觉

娜塔莉亚："我10岁的女儿不想睡觉。每到睡觉的时候她就开始生气,并表示她不想睡觉。她变得咄咄逼人,我们也变得火气十足。虽然她每天最终都睡着了,而且一觉到天亮,但让她上床睡觉总让我们费尽力气。我们尝试了一切办法:奖励、惩罚、责骂……但都没有成功。"

我猜想这个女孩是因为第二天不想去上学,所以当她上床睡觉时,一想到在拐角处的学校,就让她难以入睡!也许类似的情况也会发生在你身上:周日晚上你很难入睡,因为你第二天不想去上班,这是非常自然的事情。

我建议你耐心地和女儿谈谈心。你可以对她说:"我理解你。你之所以不想睡觉,是因为等你醒来,很快就要去上学。但你的身体需要休息,我们做些什么能让入睡变得更简单?"你也可以用一种更幽默的语言对她说:"最近每到晚上,家里就会来几只生气的巨兽,它们不想让你睡觉,我们能做些什么好让它们快点离开呢？当它们在家里的时候，我们都过得很糟糕。"

你可以让她参与解决问题，问她有什么办法可以让睡觉变得更简单。在大多数情况下，她会告诉你没有好办法。<mark>但如果你能和她谈谈，是什么让她觉得难以入睡，会对她有帮助，她的压力可能会减轻。</mark>

我鼓励你考虑是否可以做出些许改变，好让你们的晚间作息变得更简单。也许你可以和女儿一起上床，或者让她睡在你们的床上（当她睡着以后，你再把她抱回自己的床上）。她也可以和姐姐一起睡，或者在关灯前在床上看一会儿书……

如果孩子每天晚上都难以入睡，你得意识到她需要在晚上释放白天积累的压力。你可以告诉她："我知道你每天晚上都需要释放压力，我们可以早点儿上床睡觉，这样你就有足够的时间发泄情绪。"

在这种情况下，你必须确保孩子睡觉时间比平时早。让你感到焦虑的是，看到夜色渐深，而孩子仍然精力旺盛，这会导致她睡眠不足，第二天会很疲惫。如果你提前哄睡时间，给她时间缓解压力，你也会更冷静、更从容地处理这种情况。

有时孩子会非常不安，以至于需要我们来控制他们的行为。有些孩子只需要在他们大喊大叫和乱踢的时候伸出援助之手，有些孩子则需要你在他们身边陪伴，掌控他们情绪爆发的限度。如果你的女儿是后一种情况，你可以限制她发泄情绪的时间，并告诉她有多少时间可以发泄情绪。如果孩子年龄很小，你可以通过将双手分开一定距离来让她知道发泄情绪的时间。随着时间的流逝，把手慢慢靠近。如果她是大孩子，你可以告诉她还剩几分钟的发泄时间。例如，如果她总是重复同一句话，你可以告诉她，现在只能再重复五次。你的目标不是生孩子的气，而是让她学会管理情绪。**孩子不知道如何控制自己，而你的教育目的是让她学会自控。自信而坚定地去做，但不要强硬。**

最后，别忘了找出产生睡觉阻力的来源：她在学校里的情况如何，她和同学相处得好不好，是否要和老师面谈，等等。

和你的女儿画个故事

这是我最喜欢的教育方法之一，对许多家庭都十分有效，此外它还适用于解决许多反复出现的教育困难。我建议你和女儿一起画一个故事，每一页都画一幅图。我会告诉你如何做到这一点，以解决孩子难以入睡的问题，并且你可以将其用于其他的复杂状况。首先，画出你们微笑着相互拥抱，即充满爱与和谐的场景。在接下来的几页中，按顺序画出你们上床睡觉前的习惯动作：吃晚饭、刷牙、穿睡衣、读故事。然后画出对抗和困难的时刻：你的女儿尖叫着，或者大哭，抑或者在你家里通常发生的事情。最后，再次画出困难的时刻，但这一次要画出你想要它得到解决的画面。例如，你的女儿在床上笑着，你在她身边握着她的手。在最后一幅画中，画出所有的家庭成员，每个人都闭着眼睛微笑着躺在床上。如果你的女儿很小，还不会画画，可以让她帮你涂颜色，或者问她想让你如何画一件衣服、一盏灯、她的头发等。每天在睡觉前读一读这个故事。在许多情况下，它从第一天起就起作用了。

不想做睡前准备

何塞·曼努埃尔:"睡觉前,我们的儿子不想自己穿睡衣,也不想刷牙。"

这个小朋友和许多孩子一样,不想在睡觉前面对一系列任务,也许是因为这些事情让他感到烦琐,或者他不想睡觉,或者他累了,或者过渡对他来说很困难。无论出于什么原因(可能是各种原因的结合),对孩子来说,完成这些事情很费劲,你能做的就是把这些事情变得有趣和愉快,让孩子更容易地完成睡前常规动作。即使你的孩子在12岁以上,上床睡觉对他来说也可能很困难,那么你的任务就是帮助他尽可能地减轻压力。

想想看,你的孩子在睡觉时产生负面情绪。如果你生气,他的负面情绪会增加,而且他依然很难去入睡!相反,如果你陪伴他并与他建立联系,入睡对他来说将不再那么困难了。

🏀 你们有可能在睡觉前以玩游戏的形式来完成睡前常规动作吗？试试模仿开火车或像机器人一样去上厕所。带上你的孩子，就像推着小车或者摇摇晃晃学鸭子走路，或者你们尝试闭着眼睛走路。别忘了，即使他们知道应该自己独立去做这些事，对他们来说你的存在和陪伴也会让这个过程简单得多。

🏀 如果你的孩子年龄比较大，对这些游戏不感兴趣，那你可以在他完成睡前常规动作的时候，给他讲一些你童年的有趣故事。你可以跟他说好，每天你都会给他讲一个新故事，他会更了解你，你们的关系也会更亲密！

🏀 你们还可以商量好，每天选择由谁来刷牙、穿睡衣时听什么音乐，你们可以边刷牙边听着音乐舞动。

🏀 当孩子不听你的话，或者无视你时，你可以告诉他："如果你继续这样做，我将大声说话。"这将引起他的注意，这是一种有趣的方式，让他停止做手中的事。如果你的孩子大了，这个策略是非常有用的，因为这样说可以消除敌意。你还可以对他说："如果你继续玩电子游戏，我会坐在你的旁边跟你一起玩，也许我会取得胜利！"

一个实用又有趣的方法：
与其给出指令，不如唱给他们听！

在日常生活中，成年人通常会给孩子们发出很多指令："穿上外套""不要把手指插进鼻孔里""去尿尿""不要打妹妹""去刷牙""脱鞋子""做作业""收拾桌子"……指令太多了，常常把他们搞得晕头转向。很多时候，孩子们会忽视这些指令，因为他们觉得这是"噪音"。有时孩子们会产生抵触，因为他们不想再这样按指令做了！就好像他们不再接收大脑的命令一样。

我建议你用歌曲来帮8岁以下的孩子进行过渡（在许多情况下，对上至10岁的孩子都有用）。你不必给出任何指示，只需开始唱歌：在每一次过渡中，都唱同一首歌。例如，当你们回家时，你们可以唱一首洗手歌："是的，是的，我们来洗手。像这样，像这样，我们就这样洗手。"收拾桌子时唱："我们一起来收拾桌子，吃完饭后一起收拾桌子。"你可以创作很简单的歌曲来传达非常清晰的信息（尽量把歌曲唱得听起来更悦耳）。

睡前变得很活跃

克劳迪娅："我的孩子们整个下午都很无聊，但是一到晚上 10 点，他们就会活跃起来，有很多事情要做。我没有办法让他们上床睡觉。"

可能在你拥有小孩后的某个时候，儿科医生建议你保持相同的作息时间。有可能你已经帮助孩子们养成良好的作息，但现在做不到了！你们一起吃饭、一起收拾整理、刷牙、穿睡衣、看书。到了要睡觉的时候，孩子们不理会，比以往任何时候更活跃，他们互相打架，拒绝听你说话。让我们看看你的日常作息有哪些方面可以改变。

我的第一个建议是提前睡觉的时间。我知道这可能是违背直觉的，为什么要在离睡觉时间还有 1 小时之前就让他们睡觉呢？根据我的经验，当孩子们的自然睡眠时间已经过去，他们会过度兴奋。那么为了保持清醒，他们激活了自己的能量储备，并过度激动。让孩子们在如此高的能量水平下放松下来并入睡需要很长时间。

这种变化不会立即产生效果（可能需要1周的时间），你的孩子们一开始很可能会反抗。如果是这样，请不要忘记，作为孩子们成长的引导人，你必须做出关乎他们健康和幸福的决定，即使这些决定与他们的愿望不符。你可以告诉他们，这是一个暂时的决定，当他们长大了，就可以自己安排入睡时间了。

为了让孩子们在睡觉前更容易平静下来，在他们睡觉前至少2小时要避免激烈的活动：不要运动，不要用电子产品（包括电视、游戏机、平板电脑、手机），也不要进行令人非常激动的游戏。如果你有可调节亮度的灯，请把光线调暗。

最好在晚饭后避免做游戏。你们可以收拾桌子、刷牙，也可以直接坐到沙发上或者床上阅读。你的目标是在晚餐和睡觉之间不要有游戏时间。阅读通常会让孩子们平静，无论是你读给他们听，还是他们自己读。

没有电灯的夜晚

卢塞罗说："我们发现孩子们不可能在上床前放松下来，他们总是很亢奋。我们决定在晚餐后不开电灯，而用蜡烛照亮。孩子们很喜欢这样的方式，他们更放松了。我们还提前了半小时睡觉。现在他们入睡变得容易多了。"

找借口不睡觉

> 埃斯蒂巴利斯:"我们晚上的作息非常规律。但是,当我的双胞胎上床睡觉时,他们不断地向我们要水喝,起床去洗手间,叫我们过去……"

最后,我们到了最关键的时刻:当孩子们无法入睡时,他们想喝水,他们要去洗手间,他们想起来有事情必须告诉你,他们又渴了……他们的需求永远不会结束,你不知道该怎么办了!最后,你很生气,因为在一天即将结束时,疲惫控制了你,你不再有耐心。

在这种情况下,我的第一个建议是用语言表达出实际问题:孩子们的主要问题不是口渴,而是不想与你分离,或者他们不想睡觉,因为他们不想第二天去上学。你可以对他们说:"你们不想睡觉,是因为明天不想上学吗?""入睡之所以对你们来说很困难,是因为你们不愿和我分开。我一点也不奇怪,我很喜欢和你们待在一起!但现在是睡觉的时候了,明天我们会再次在一起。"我们已经谈到了用语言解决孩子入睡困难的重要性，只有这样说，他们才能掌握处理入睡困难的能力。

此外，你该限制使他们可能分心的动作次数。你可以规定只能在睡觉前喝水、上厕所。每天晚上提醒他们："你们该睡觉了，去上最后一次厕所，喝一口水。记得少喝一点水，不然又想上厕所。"如果你的孩子们想要告诉你什么事，你可以对他们说："明天你们再告诉我吧。"

孩子们适应这个变化并不容易，因为他们习惯于通过外部需求来表达他们对睡觉的抵触：上厕所、喝水、聊天……你要帮助他们减少这种抗拒，让他们的生活更轻松，你必须坚定地去帮助他们。

正常的情况是，前三天很困难，如果你坚持下去，孩子们就会接受新的规则，不再总要求喝水了。

❋ ==写下或画出新的规则将很有帮助，这可以让你的孩子们内化这些约定。==和他们一起制作一张海报，展示出他们可以睡前上厕所与喝水的次数，并将其放置在房间的显眼位置。如果你的孩子们大了，你可以像写合同一样写下来，然后你们都签字。

✹ 当孩子们很小的时候，在和他们待一会儿之后，你用柔和的语气说出这句话："安静的房间真好。"如果有孩子想说话，你就再次说这句话。很快，如果有孩子想说话，他也会默默地跟着说出这句话，然后就会保持安静。

✹ 在最初的几天里，你要通过给孩子们讲比平时更有吸引力的故事来分散他们的注意力。通过关灯来告诉他们，他们该进入梦乡了。你要在睡觉前准备好故事，并确保它们比平时的故事长一点：最开始的时候，孩子们需要很好的消遣来代替之前的娱乐。

想象一个蛋糕的世界

伊内斯说："为了分散孩子们的注意力，让他们在上床后不来回起身，我创造了一个蛋糕的世界（在家里，我是出色的糕点师，孩子们非常喜欢和我一起做蛋糕）。我告诉他们有巨大的蛋糕，邀请他们在蛋糕上蹦蹦跳跳，跳进奶油里……它们是非常香甜的蛋糕，孩子们来帮助我打造它们。他们非常喜欢做蛋糕，再也没有要求喝水或上厕所了。我以前告诉过他们上床睡觉后就不能起来了，可效果不好。现在有了这个故事，我会更成功。"

"安全花园"的故事，帮助孩子入睡

多年来，我一直给我的孩子们讲"安全花园"的故事，这个故事帮助他们放松下来并进入睡眠过程。这个故事也有助于让孩子不分心（想要喝水、上厕所……），并对 10～11 岁的孩子非常有效。请你的孩子闭上眼睛，走进安全花园里，花园周围有围栏，里面从来没有发生过任何危险的事情。这是一个奇妙的空间。花园有一片丛林。有一天，你的孩子在那里看到了狮子家族，他走近狮子，大狮子鼓励他爬到它的背上。你的孩子照做了，狮子带他去丛林探险，其他的狮子也跟着他们。天黑了，狮子家族在一棵树的树干旁边找到了一个睡觉的地方，你的孩子蜷缩在狮子家族中间睡着了。安全花园中可以有蓝天，有云在飘浮，或者是一片夜空，还可以是一片大海，你可以引导他想象和海豚一起游泳。重要的是，故事的结尾是他在一个温暖舒适的空间里睡着了。如果你的孩子大了，他可以在安全花园里做一些自己喜欢的事情：踢足球，用滑板做高难度的旋转，抑或可以乘坐火箭飞行。

需要陪同才能入睡

安娜："我8岁的女儿需要我们和她待在一起直到她睡着，有时超过1小时。那些时候，我很累，我还有事情要做，有时我会控制不住地吼她，我知道这无助于使她放松下来。我能做什么呢？"

你应该做的第一件事是践行前文中的建议：提前睡觉时间，在上床前2小时营造一种平静而松弛的气氛。如果孩子仍然难以入睡，请你回答以下两个问题：

1. 我真的准备好开始改变了吗？即便这很困难？
2. 我的女儿准备好接受变化了吗？尽管她还小，她真的需要我陪她直到睡着吗？

如果你对上面一个问题或两个问题的答案是否定的，我请你改变你的期望，并假设从现在起每天晚上都陪你女儿1小时。很多时候，==阻碍我们过得好的是我们的高期望。如果你能够降低对孩子的高期望，或许你的生活将变得简单而愉快。==

从现在开始，接受你每天晚上必须投入 1 小时和女儿在一起的现实，不要反抗。==你要带着平静和耐心陪伴她，不要评判或指责她。==试想：你以坏心情和她待了 1 小时，也会影响她的心情；如果你改变你的期望，以愉悦的心情和她共度 1 小时，那么她可能会更快入睡。==请记住，你的女儿不是选择在晚上需要你，而是她在睡觉时遇到了困难，你现在的任务是陪伴她。==

如果对上述两个问题的答案都是肯定的，并且你和孩子都准备好接受变化，那么最好让孩子参与你的决定。你可以对她说："我知道你是一个自主性强的孩子（你可以举一些女儿自主做事的例子）。我知道就算每晚不在这里陪你，你也能自己入睡。从今天开始，我会先陪你一会儿，然后你告诉我你什么时候要睡觉了，我就离开。"

向孩子解释为什么让她自己睡觉很重要：告诉她你有事情要做，虽然你喜欢和她在一起，但你也要休息，而且在休息前你需要先完成一份工作报告。你要告诉她，即使陪她睡觉的时间短，你仍然非常享受这段时间，并且可以在没有事情做的时候陪她入睡。如果你的女儿真的准备好与你分开，并且在一天中有很多自主与你交谈的机会，她很可能会接受你的安排，在没有你长时间陪她的情况下入睡。

第 2 章　在晚上

🏀 在你女儿睡觉时给她一件你随身的物品：一件T恤、一块手帕、一个枕头……这让她觉得你在身边。

🏀 你可以用一根绳子把你们的床绑起来；这样即使分开了，孩子仍会觉得你们在一起。

睡前放松练习，
帮助孩子降低兴奋度

如果你已经提前了孩子的睡觉时间，但他仍然很难入睡，你可以尝试可视化训练，这是一种很美好的放松练习，效果很不错。

告诉你的孩子，有一个仙女（或者一个会飞的小怪物，一个超级英雄，一只蝴蝶）在他身上盘旋。仙女用一支神奇的画笔，在慢慢地画他的身体。首先，会画他的脚趾，你可以说："现在仙女正在画你的脚趾。它们是蓝色的！你看到了吗？"

然后继续画他的脚踝、腿……仙女可以使用一种或多种颜色,也可以在他身体的某些部位画一颗星。你可以说:"现在仙女飞得更高了,她在看她画的东西:蓝色的脚趾、绿色的小腿、红色的大腿……现在她又下来继续画你的臀部和腹部,你想让她选什么颜色?"

如果你的孩子大了,你可以做同样的事情,可以没有角色参与。引导他想象他的身体是如何上色的:"注意你的脚趾,它们是蓝色的。蓝色延伸到脚的其他部分,真好看!"

这是一种睡前放松练习,可以帮助你的孩子降低兴奋度,并为睡觉做好准备。

晚上经常醒

> 哈维尔："我 5 岁的儿子从 2 岁起就睡在自己的床上。他以前睡得很好，但最近他晚上要醒来好几次，有时多达五六次。我们还有一个小婴儿，我妻子照顾他，而我照顾大孩子。我们一天都没睡，筋疲力尽，脾气暴躁。"

为什么以前睡得很好的孩子突然不愿睡觉了？可能是因为弟弟的到来。哥哥独自一人在房间里，而弟弟在父母的卧室里，他全神贯注地听着那里发生的一切。父母的一举一动都会吸引孩子，这个孩子感到被排斥在外了。

他的内心仿佛有一个警报系统，告诉他只有自己一个人，他因为孤独而感到不舒服。这种警报唤醒了他，提醒他所需要的东西：成年人的陪伴。他也想待在最安全的地方。

你可以让这个孩子睡在大人的床旁边的小床上吗？能不能在没有父母陪伴睡觉之前，一个家长和大孩子睡，另一个家长和小孩子睡？有没有宠物或第三个孩子可以陪大孩子一起睡觉？重要的是，不要让孩子感到被排除在家庭核心之外。这种情况是暂时的，很快你的孩子就能够独自入睡了。

有时解决方案很简单。你可以对孩子说："我认为你总是醒来是因为你不喜欢晚上独自待着。现在你弟弟和我们在一起，你自然也想在这里。我要给你看当你还是小婴儿时候的照片，你看，当时我们也陪你一起睡觉。"

❋ 对许多孩子来说，给他们看婴儿时期的照片很有帮助，能让他们意识到自己一直被爱着。告诉他们小时候的经历和有趣的事情也很管用，比如他们的行为、他们的样子、他们做过什么，帮助他们回忆生活有多美好。

伊西亚："我女儿每晚醒来四五次，她说她没做噩梦，我不知道她为什么会这样。我们来到她的床边，和她待一会儿，直到她再次入睡。但她会再次醒来。这样多达五次。最后，我们和她一起睡在她的小床上，因为休息不好，早上起来腰酸背痛。"

我建议你首先要看看女儿的生活是否平静：包括在学校里是否顺利，和兄弟姐妹相处如何，和你们在一起时的情况。有时，白天积累的焦虑会在晚上唤醒孩子（和许多成年人一样），所以你的第一个任务是帮助她在白天保持身心愉悦。

一些白天很少和父母在一起的孩子会在晚上找爸爸妈妈。如果你的女儿是这种情况，请在白天尽可能多地出现在她面前，与她建立更多的联系，并开展更多的互动。

一旦你满足了女儿的情感需求，你就可以帮助她在醒来时重新进入睡眠。事实上，当她醒来时，她会自动做出反应：她会向你寻求帮助。好消息是，你可以教她如何继续睡觉，告诉她再次闭上眼睛。你可以对她说："你一醒来，很快就会闭上眼睛再睡着的。因为如果你睁开眼睛就叫我们，你就很难睡着啦！"

如果她醒来去你们的床上，你可以对她说："我不认识可以同时睡觉和走路的孩子，你最好快回到自己的床上，闭上眼睛，继续睡觉。"

如果孩子准备好独自睡觉，她很可能会成功。相反，如果她还需要和你在一起，也许最好的解决方法是先让她和你一起睡，直到她长大些再锻炼自己入睡。

儿子想和我睡觉，我该怎么办？

孩子能和我们一起睡觉吗？有些人支持，也有些人认为这样会影响孩子的身心发展。在这方面，重要的是先确定你们的价值观（不是父母、儿科医生或朋友的价值观，而是你们的价值观），并以你认为最松弛、适合的方式行事。

在你们继续阅读之前，我想让你们知道我没有反对这个观点。事实上，我们已经和三个孩子一起实践过，比如他们做噩梦了，然后来我们的床上一起睡。

重要的是，你们要尽可能给孩子创造放松的睡眠环境，并且保持睡眠充足。在许多家庭中，成年人获得休息的唯一方法是让孩子上床睡觉。如果你们也是这样，我建议，只要你们觉得舒服，就让孩子和你们一起睡觉。当他们长大了，心智成熟了，自然就回他们自己的房间睡觉了。

如果你不喜欢这么做，有一些方法可以满足孩子靠近父母的需要，这些方法可以让你们睡得更好，并且不用晚上更换几次房间睡觉，例如，让孩子睡在你旁边的小床或床垫上，这是很好的选择。

孩子睡觉前会发脾气

罗伯塔说:"我们的女儿在 8 岁时每天晚上睡觉前都会生气。睡觉前一切都很平静,直到我们和她在床上待一会儿,向她道晚安的时候。在那一刻,她总有一个生气的理由:比如今天白天过得不好,第二天要面对哪些问题……她的脾气短时间就爆发出来,还会持续很长时间。

"阿玛雅让我说出孩子的困难,我告诉阿玛雅,我意识到每天晚上女儿都会找一个生气的理由,她的周围好像有很多想法在盘旋,她会选择一个来排解生气。我告诉阿玛雅,从现在起,当我看到女儿有一个'愤怒的想法'时,我会告诉她,我们会努力给她按摩、和她聊天来发泄愤怒。

"2 周后,女儿在晚上不再发脾气了。她已经找到了排解情绪的方法,她知道如何化解它。"

章节摘要

- 尽早让你的孩子上床睡觉。

- 确保孩子睡眠充足（最好是他们独自醒来，而不是你去叫醒他们）。

- 从睡前 2 小时开始建立松弛和安静的睡眠环境。

- 引导孩子说出困难（"明天不想上学"）。

- 将游戏用于孩子不喜欢做的日常活动（刷牙、穿睡衣……）

- 如果有必要，改变你的高期望，接受孩子还小，仍然需要你的陪伴。

- 帮助孩子放松下来。

- 让孩子睡在你的旁边。

- 教孩子重新进入睡眠，告诉他们醒来后重新闭上眼睛。

第 3 章

卫生和
个人护理

将卫生和个人护理的常规转化为
愉快和有趣的时刻。

面对孩子遇到的某些困难，我们成年人可以灵活应对。但是，如果他们不喜欢刷牙或不喜欢洗澡，我们该怎么办？我们不能放任孩子不刷牙或不洗澡，也不愿这个问题变成日常冲突。如果像洗手这样常规的事情最终演变成了一场战斗，这对每个父母来说都是情感上的消耗。父母要做到不在小事上消耗孩子，阻碍孩子成长的往往是家庭中的内耗。

如果你的孩子因为懒惰或不喜欢而不愿刷牙或洗澡，你可能会与他们对抗。其实，你应该最大限度地减少与孩子的对抗，我建议你利用你的创造力，把那些对抗的时刻变成愉快的亲子互动时刻。你会发现这对你来说并不难，你可以让事情变得更好。在这一章中，我将提供一些方法，这些方法将帮助孩子养成讲卫生和个人护理的习惯。

小孩子抗拒刷牙

玛丽亚:"我4岁的儿子不想刷牙,每天我都强迫他刷牙,最后都是以他大哭结束。我不知道该怎么做。"

我希望你能学会站在孩子的角度,想象他对特定活动的感觉。比如对于他来说,让一个4岁孩子以他的协调性把牙刷塞进嘴里,并让它在牙齿上移动是什么感觉?这可能是不愉快的、困难的。此外他找不到乐趣,因为孩子无法预测未来可能出现的口腔问题。学会共情,使你能够帮助孩子解决问题。这并不意味着,刷牙对孩子来说很困难,那就最好不要刷牙了。不!这意味着,由于刷牙对他来说很困难,你应尽你所能为他提供便利,直到让他觉得刷牙是每天必做的。

拿你的孩子和别人做比较是不会有帮助的。如果你想与他感同身受,了解他的经历和感受,那就多站在他的角度思考。不管他2岁的表妹能否正确地刷牙,你的孩子都是独一无二的,他只是暂时遇到了困难。拿他与其他孩子相比,或者抱有不符合现实的高期望，不仅对你没有帮助，而且会导致不必要的冲突。

==如果你的孩子刷牙很费劲，我鼓励你努力将这个不愉快的时刻变得和谐有趣。==别忘了刷牙可能会给你的孩子带来压力，你的任务是减少压力，而不是增加压力。这样，你和孩子之间的对抗就有可能减弱并最终消失。

🏀 我建议你每天讲述一个关于牙齿的故事。例如，每个牙齿都是小精灵的故事："这是小精灵米里比托，他今天一整天在水坑里泡着。你知道小精灵喜欢在水坑里泡澡玩水吗？他在水坑里太脏了，我们来把他洗得干干净净！这是小精灵鲁穆林达，她一直在砍柴，身上也弄脏了，出了汗，她一点也不喜欢这个感觉。我们来帮助她吧。"

你最好记住每个小精灵的名字，这样每当你的孩子刷牙，你就可以每天讲不同的故事。今天鲁穆林达砍柴，明天她会做巧克力蛋糕，后天她会在墙壁上画蘑菇……

🏀 你可以帮孩子刷牙，让他坐在你的腿上，同时给他唱首歌或讲个故事。你越温柔、越松弛，孩子越容易配合刷牙，他表现出的反抗也就越少。

我们像开火车一样去刷牙

玛丽亚说:"孩子们和我像开火车一样去刷牙。他们玩得很开心,不再拒绝刷牙这件事。"

大孩子厌烦刷牙

尼涅斯和拉蒙:"自从我们的女儿满12岁,她就不再刷牙了。以前她做得很好,但现在刷牙成了一场战斗。"

这个青春期前的行为唤醒了我的记忆,让我哑然失笑,虽然我知道对父母来说,孩子的行为令人气愤(我的大儿子就是这个年龄)。年长的、负责任的孩子,正在寻找和扩展自我掌控的领域,而刷牙则不在这个范围内。因为孩子是活在当下的,刷牙不能给他们带来快乐,他们也无法预计未来可能出现的蛀牙的影响。简单地说,刷牙对他们没有任何好处,只有厌烦。你还记得吗?这个年龄的孩子,只愿意做他们感兴趣的事情。

你需要放弃高期望,接受现实。你希望你的女儿像以前一样按时刷牙,但现实是,现在她不这么做了。接受这个现实将帮助你采取最有效的行动。

你的首要任务是让女儿刷牙，可以用这几种方式改变现状：第一，每当你发现她没有刷牙时，轻声地提醒她；第二，尽量不要对她大喊大叫，不要让她感觉到刷牙是"一个艰巨的任务"；第三，多陪伴她，和她一起刷牙，并帮助她尽可能以快乐的方式完成。

🏀 想想看，对她来说，刷牙就像爬山一样难。你可以在她刷牙的时候放音乐和跳舞，或者给她讲一个有意思的故事。

🏀 请你相信，将来她会在没人陪同的情况下主动刷牙。现在只是她生命中的一个阶段！

我把儿子拖到卫生间

洛雷娜说："最近，我拽着儿子的手，把他从餐厅拖到走廊，再拖到卫生间。我 12 岁的儿子笑了，因为他的妈妈像对待动画片《摩登原始人》[1]里的人一样对待他。"

---

[1] 《摩登原始人》，又称《聪明笨伯》，是由卡通网络制作室创作的美国动画电视剧。1960 年至 1966 年，它是美国广播公司最成功的动画电视剧之一。

不想洗澡

洛拉："阿玛雅，我发现让我12岁的儿子洗澡很费劲，我总是威胁他说如果不洗澡就不让他玩游戏了，但他还是无动于衷。后来他宁愿在卫生间待几小时，也不出来。我们能做什么？"

这是孩子不想洗澡的典型情况。为什么他要反抗，为什么这么费劲呢？可能是因为过渡对他来说很困难，因为他的大脑正在寻找即刻的满足感。一旦进到卫生间里，洗澡就会变成令人舒服的事情，但当他在外面时，进去洗澡就需要一点努力：首先，孩子必须停止他正在进行的活动，然后进入浴室。他将从衣着整齐到赤身裸体，身体从干燥到潮湿，从开放的空间里移动到几乎转不开身的狭小空间，从和家人在一起到独自一人。他从外面到进入浴室，内心产生非常多变化！在许多情况下，进入浴室是很难的，他的大脑不愿经历这些变化。

每当日常习惯不起作用时，我建议你修改它。想想你可以改变什么：也许是洗澡的频率、时间等。当然，孩子必须洗澡，但有必要每天都洗澡吗？如果他每隔一天洗澡会发生什么糟糕的事情吗？在我们的时代，当我还是孩子的时候，每周只洗一次澡；不仅是我，很多人都是这样。随着年龄的增长，这一频率有所增加。关于洗澡的时间，请你想想看是否可以改变：你们现在是睡觉前洗澡，也许孩子更喜欢在早上洗澡？或者刚从学校回来就洗澡？你甚至可以改变洗澡的地方，比如游泳后在健身房里洗澡。很多时候，解决方案是多种的，也都有效。

这些改变要考虑孩子的年龄和性格，但需要判断是由你自行决定，也可以由你和孩子共同决定。如果他已经满7岁，能明白事理了，你可以和他一起商量解决办法。

如果你的孩子年龄大了，制定一个固定的洗澡时间表（每周二、周四和周六起床后都必须洗澡）可能是不现实的，采用灵活的时间表可能更有效，例如，在周三、周五和周日晚上9点之前，他必须去洗澡。

一旦你找到一个适合的日常作息，把它记到家庭日历上，摆在家里随处可见的位置，那将成为孩子的"洗澡地图"。

🏀 对于年龄较小的孩子来说，最好的办法是把洗澡时间变成游戏时间。有时改变你说话的方式会使整个过程变得

第3章 卫生和个人护理

更简单。与其说"现在到了洗澡的时候了",不如说"我们要在水里一起玩玩具!"或者说"你觉得我们给你的娃娃洗澡怎么样?它很脏了,急需洗澡。"或者如果有玻璃浴门,你可以说:"你在里面画画,我从外面猜你画的是什么,好吗?"

❋ 在这种情况下,你也可以求助于音乐。如果你的孩子伴着美妙的音乐洗澡,也许他会兴奋起来,洗澡就不那么困难了。

❋ 如果你把泡澡或淋浴变成你们之间的亲子互动,你们一起洗澡,相信孩子会喜欢和你在一起度过这段时光的!

女儿早上和我一起洗澡,冲突消失了

罗莎说:"自从我们和阿玛雅交谈后,我的女儿每天早上都和我一起洗澡,冲突已经消失了,我们每天都有一段美好的时光,这让孩子在早上保持心情愉快。虽然我更喜欢自己洗澡,但和她一起洗能避免发生冲突,因为这之前总有一场可怕的战争。"

我儿子拿着玩具洗澡

安娜说:"自从我的儿子拿着玩具洗澡,他变得非常享受。洗澡不再是折磨,而是玩耍的时刻。"

利用游戏训练去洗澡

玛蒂尔德说:"我把游戏训练用在我儿身上,这很管用。他 10 岁了,让他去洗澡很困难,昨天我提议在进浴室前模仿动物赛跑,看谁先到,这很管用。"

不愿意洗头发

玛丽亚·何塞："我女儿很享受泡在浴缸里，这一点我没什么犯愁的。但是，当我们要给她洗头发时，她就开始哭、大喊大叫，拒绝洗头发。最后我必须强行给她洗，我想改变这一点。"

我再次请你站在你女儿的立场上。一个小女孩在大量喷涌的水柱下会有什么感觉？她为什么这么紧张？当水落在她的头上时，或许水流会让她产生溺水的感觉，她的大脑将其解释为危险信号；或者她担心洗发水会进入她的眼睛。不管是什么引起了她的不适，都让我坚持认为：你的女儿不是故意反抗的。她感到不安，也许她很脆弱，并对此做出了反应。

在这种情况下，告诉她需要放松，什么都不会发生。如果你告诉她"你妹妹在洗头时不会哭"，则对她没有任何帮助。因为困扰源于她身体的不适，而你需要给出合理的安慰。她的恐惧和脆弱感比你的言语更强烈。

此外，还有另一种不适：她知道你会生气，这会使她内心的压力倍增。出于这个原因，最好的办法是你接受女儿洗头发很困难，并用温和的语气表达："我知道洗头让你很难受。是不是因为你担心洗发水会进入眼睛？我也不喜欢这样的感觉。"

然后你可以想一想怎么给她洗头发，让她觉得舒服些。我的一些学生选择用小杯子装水把头发打湿和冲干净，这样孩子就不会感到大量的水落在她头上了。虽然用的时间长，但最终头发会洗干净，孩子也会更平静。我给女儿洗头时，先把她的头发放在水里浸湿，而不是用淋浴直接给她冲洗。为了冲洗干净，我让她面朝上躺着，我用手托着她的头，用浴缸里的水给她清洗。这样，她感到非常安全，没有水或洗发水进入她的眼睛。有时头发上会残留一些洗发水，所以我总是用非常天然的洗发水，不会伤害发质。

✺ 你可以给孩子戴上游泳镜，再给他清洗头发；孩子不仅会发现洗头的过程更简单，而且可以在浴缸里"潜水"，玩得很开心。

不想让家长梳头

玛丽亚:"我们的儿子想留长头发,但当我们给他解开头发时,他很不舒服,梳头发让他觉得很痛。"

像往常一样,成年人在这种情况下要明白的第一件事就是不是孩子表现得很糟糕,而是因为他很难受!他的头皮很痛,此外他被迫在浴室里坐很长时间,几乎不能动也不能玩。这得花费很多努力,所以他会抵抗。

一旦你明白孩子没有表现不佳,而是这样的情况让他很难处理时,就告诉他:"我知道梳头的时候你很难受。我明白你很痛苦。"当你说出孩子的困难,可以试着使用游戏训练。

🏀 你可以把孩子的头发分成几束,从第一束开始,你可以对他说:"我想知道当我给你梳这束头发时你的感受。从1到10,告诉我你的痛苦程度。"当他给10分时,你可以回答:"我会轻一点的"。你也可以让孩子尝试自己解开头发,也许可以让他舒服一些。

允许孩子自己做决定

多年来,我留着长头发,我永远记着母亲给我梳头的过程,是漫长而痛苦的。当我9岁的时候,我祖母建议我去理发店把头发剪短,我同意了。我让理发师帮我剪成短发。我非常喜欢这个发型,我记得我对自己的新发型非常满意。我还记得每天早上洗头发和梳头有多舒服。

我曾多次建议我的两个女儿把头发剪成短发,以免头发缠在一起,但她们不愿意。不过,她们确实想过留短头发,但这个想法不那么坚定。留短头发可以节省很多时间,但如果孩子更喜欢长头发,就不要强迫他剪短发,请你允许孩子自己做决定吧。

章节摘要

- 将卫生和个人护理的常规转化为愉快和有趣的时刻。
- 考虑改变日常作息：频率、时间……
- 尽量站在孩子的立场上。记住，你的孩子一般不会跟你反着来，如果他这么做是有理由的。
- 尽可能地使用游戏训练。

第 4 章

收拾和整理房间

即使你很难相信，对孩子来说，
整理也需要付出巨大的努力。

对许多孩子来说，收拾房间是复杂的事情，原因有几个：因为他们不想收拾，因为他们做不好。作为一个成年人，我不想收拾我儿子搞乱的东西，也不想和他起争执，但我需要一个整洁的房间，所以我不得不追着他让他收拾。我希望我的孩子可以自己学会整理，但他没有这么做；最终我只有自己收拾，这让我感到沮丧。

保持一定程度的整洁很重要。如果家里过于混乱无序，你需要努力创造一个和谐的家庭环境。尽管孩子不知道，但是他们确实可以从整齐有序的环境中受益。他们通常不会因为房间乱七八糟或地板上扔着故事书而感到困扰，因为当下对他们来说最重要的事情是玩耍。当然也有例外（我的一个女儿很整洁），但大多数孩子都是这样的。

在本章，我将为你提供一些方法，能简单轻松地让你的孩子学会整理房间。

不愿收拾房间

罗西奥:"我的孩子们没有一个愿意收拾房间。他们分别 4 岁、11 岁和快 13 岁了。"

孩子们正在玩,而你意识到晚餐时间快到了,于是在厨房里大声喊道:"快收拾一下!该吃晚饭了。"你是在厨房里大喊,没有和他们没有待在一起,这样沟通就不起作用了。我建议你走到他们所在的地方,用语言和动作告诉他们该做什么。

此外,孩子们正沉浸在他们的活动中:他们在玩耍、阅读、看视频、画画或无所事事闲转,突然之间,他们要在没有事先通知的情况下离开这项活动,听从你的话。

想象一下,你和朋友在一个聚会上,一个人正在给你讲述一个非常有趣的故事,你全神贯注地听着,充满好奇。突然,有人来了,把你的饮料从你的手上拿开,强迫你停止谈话并离开聚会,没有给你时间来预测这次分离,也没有给你时间听故事的结局。

我认为很多时候，我们会突然让孩子们离开他们的"聚会"。我们没有意识到他们正在深度参与他们的活动中，完全专注于这些活动，却要像成年人一样，从他们正在做的事情中抽离。

为了帮助不愿收拾的孩子，你需要适应这种情况，我们到目前为止看到以下一些工具：首先，创建你的地图，并确定你想让孩子们收拾房间的时间。晚饭前？从学校回来的时候？每个周末？每隔一天？选择对孩子们来说最适合的时间，而不是你认为最合理的时间。例如，也许对你来说最好在他们去睡觉之前收拾房间，这样整洁的状态就会维持到第二天。但对你的孩子们来说，那时很累，睡觉前发生争执是不太可取的。在这种情况下，也许你可以把收拾房间的时间提前，如果在晚饭前收拾好，即使这意味着有些玩具和故事书又将被胡乱摆放，也能缓解一部分混乱。把收拾房间的时间写在家庭日历上，并将其放置在家里可见的地方。

快到收拾的时间了，提前几分钟通知他们，这样他们就可以结束他们正在做的事情：合上故事书，结束一局电子游戏，暂停模型搭建……

我建议你不要让你的孩子们在每使用一件东西之后就收

拾，尤其是当他们的年龄不到 8 岁——这会是一场失败的战斗。这样也会打断他们（和你的）的活动，引起很多困扰，对每个人来说都很累。在一天中，找一个固定的时间收拾东西是最有效的，也能够减少精力消耗。你必须容忍东西暂时没有放在合适的位置，直到收拾的时间到来。

既然你们已经确定了什么时候收拾房间，那就开始实施计划吧。有时候孩子们非常懒散，对收拾房间一点也不感兴趣，这时他们需要你的陪伴。如果你们一起开开心心地去收拾房间，那就更好了。我知道这对你来说需要付出努力，但相信我，比起每天和孩子们为了收拾房间而发生冲突，你陪着孩子们一起收拾，可以让你更节省精力。

🏀 当孩子们没有按照你的要求去做，你为此心情不佳时，你可以回放这一幕：我看到桌子没有收拾好，我看到三个孩子在玩，我感到内心的愤怒就要爆发出来。我们需要在愤怒爆发之前让自己冷静下来。

🏀 你们可以模仿机器人一样收拾房间：你的儿子是一个张开双臂的机器人，你把玩具放在他身上，让他把它们放在属于它们的地方。

🏀 你们可以伴着音乐一起收拾屋子。每次音乐停下来（你把音乐暂停下来），手里拿着玩具的人都需要"付钱"：给房间里的每个人一个吻，或者单脚跳几下，或者模仿小鸡的叫声……

🏀 带着玩具睡觉对年龄小的孩子来说效果很好。很多小孩子仍生活在幻想阶段，在有生命和无生命的生物之间没有划清界限。他们知道车子没有生命，但同时他们会想象这是一辆会说话并具有人类特征的车。因此，你可以进入他们想象和幻想的世界，对他们说："这辆车不想躺在地上过夜，我们把它带到停车场，它在那里会好得多。"

为了收拾房间而举行"篮球比赛"

帕梅拉说："为了收拾房间，我们打了一场'篮球比赛'。我当助手，她来投篮，把玩具投到篮子或盒子里。现在是她来提醒我该收拾房间了。"

不要在隔壁房间发出指示

你经常在隔壁房间大声对孩子们叫喊，让他们必须做什么吗？当他们在客厅里，你在厨房，你对他们大喊过"快摆桌子吃饭"吗？

我建议你不要这样做。从现在起，先看看他们在哪里。当你告诉他们该做什么的时候，你们要有眼神交流。确保他们看着你，并触摸他们的脸或手臂。在给了他们指示后，让他重复一遍，或者问他们是否听清楚了。这需要你在向他们交代任务之前的几分钟内进行。

你走到他们身边，用眼神和身体接触他们，告诉他们还有5分钟的时间来完成他们的活动，然后按照你的要求去做。只剩下2分钟的时候，你再回来观察。最后到了收拾的时间，温柔地拉起他们的手，把他们从那里带走，让他们做此时他们必须做的事情。我向你保证这个办法会有效！

物品不放回原位

劳拉:"我和女儿住在一个小房子里。我得跟在她身后收拾东西,因为她不可能收拾彻底。此外,她不会把任何东西放回原位。她读的书留在沙发上,外套扔在地毯上,铅笔放在地板上。我太累了。"

期望有时就像一个笼子,你希望事情以某种方式发展,但事情不以这种方式进行的时候,你会产生一种挫败感,这种挫败感会转化为你对女儿的愤怒。当然,孩子是你挫败感的根源。不幸的是,这对任何人都没有好处,即使你设法把房间收拾得彻底,你也会心情不好。

我建议你改变你的期望,和女儿一起接受这个现实:对她来说,她的首要任务不是收拾房间。如果你的期望是随时保持房间的整洁,女儿会很有压力,对她来说这是一个很难实现的目标。相反，如果你希望每天晚上 8 点房间要收拾好，你们的生活将更加轻松，每个人也会更加愉快。

另外，划定一个游戏区域可以帮助你避免混乱蔓延到整个房间。如果你决定这么做，要确保那片区域在孩子经常待的房间里。当你在客厅的时候，你女儿很难去她的卧室玩。孩子需要靠近你，感受你的存在，因此客厅通常是家里最好的游戏区域。

🏀 当你和孩子一起收拾完最混乱的区域，比如游戏区域后，你们可以逐个房间寻找没有放回原位的物品。如果你的孩子很小，你将成为"失物招领者"。你可以一次次地拿着"失物"进入房间，问问孩子，是否有要收回的物品。如果你的孩子年龄大，你可以用幽默的语气说："一天中最好的时间，就是找回家中遗失的物品！"

🏀 当你在地上找到一本书或其他东西时，你可以夸张地说："所有人请注意，我们需要紧急帮助，地上的东西找不到它的原位了，谁可以帮它恢复原位？"

❈ 当你看到地上的东西时，你可以把它留在那里，然后走到孩子跟前，对他说："要么让这个东西回到原位，要么我给你一个吻。"如果你的孩子长大了，他肯定会很害羞，更偏向收拾东西而不是得到你的吻。

❈ 你还可以说："哇，这块新地毯只和窗帘配在一起才好看，它上面的东西最好要消失哦。"

不主动收拾房间

曼努埃拉:"我 12 岁的儿子不会主动收拾自己的房间。每天我都要威胁他,不让他玩游戏,这是唯一能让他收拾房间的方法。"

我首先建议你,不要期待他很快学会主动收拾房间,也不要指望他能快乐而轻松地收拾房间。即使你很难相信,对你儿子来说,整理也需要付出巨大的努力。此外,12 岁的孩子逐渐开始形成领土意识,他的房间就是他的领地。他想成为能够在自己的卧室里制定规则的人。

那么,在这种情况下我们该怎么办?我的建议是你和孩子坐下来,寻找一个折中的答案。你们可以一起设定收拾的频次,这个频次让你们双方都满意。比如,从周一到周六,他的房间可以是任意状态的,但在周日用餐前,房间必须恢复整洁。

一旦你们达成协议，就把它写下来，签字并将其放在房间的显眼位置（例如冰箱门上）。你的任务是提醒他必须这样做，如果他需要，陪伴他一起做。

🏀 我再次请你使用音乐。你可以播放他喜欢的音乐，或许可以提高他收拾房间的效率。

拥有少量的玩具，会让孩子更专注

如果房间有太多的东西，可能很难收拾。拥有少量的玩具是好的选择，会带来很多好处。除了易于收拾，事实证明，孩子拥有的玩具越少，他就越容易集中精力，在每项活动中投入更多的时间。

此外，拥有少量的玩具可以让孩子的游戏空间更和谐，这对孩子有好处，因为他们不必做出很多决定，到底玩哪个玩具，而是专注于游戏本身。

章节摘要

- 当你的孩子收拾房间时，尽量陪伴在他们身边。

- 将收拾房间变成一场游戏。

- 设定收拾房间的时间，在每天的同一时间段收拾。不要奢求房间在此之前是整洁的。

- 减少孩子的玩具数量。

第 5 章

孩子之间有冲突

兄弟姐妹之间发生冲突
也是一种极好的生活训练，
这正好让孩子们学会如何解决冲突。

如果你有多个孩子，他们之间可能会发生冲突，也许只是偶尔打架，也许是每天都会打架，有时还会因为打架而受伤。对你来说，让孩子们和谐地生活在一起变得很困难，因为他们整天都在互相攻击和较量，你不知道该怎么做才能让家里获得片刻安宁。

即使你在孩子的童年多陪伴和引导，和他建立友好的关系，从孩子的青春期开始，这种关系也可能会改变。很多孩子在青春期都会变得叛逆，直到成年后才会好转，发生冲突也会大大减少。要知道，兄弟姐妹之间发生冲突也是一种极好的生活训练，这正好让孩子们学会如何解决冲突。我敢肯定你见过动物幼崽们打架，你知道它们只是在玩耍；这是它们成长中必经的训练，当它们长大后，就有能力出去打猎了。你也要知道，玩闹、打架对动物来说非常重要，因为它们能够以此学会技能。如果缺乏这些技能，它们将来可能无法生存。实际上，你的孩子也是如此：他们必须学会自卫、谈判、让步或对抗、照顾和尊重他人，为长大成人做好准备。

尽管从生活训练的角度来看，发生冲突是一件好事，但从另一面来看，家里的每个人都会遭受痛苦，并因为暂时的冲突而感到不愉快。接下来，我将提供一些策略，这些策略会对你有帮助。即使冲突不会快速消失，你解决冲突的方式也能促进孩子们保持良好关系，并使你们的日常生活变得顺畅。

"我宁愿没有哥哥"

> 安娜:"即将满 6 岁的女儿对我说,'我宁愿没有哥哥。'"

孩子强烈的负面情绪会伤害到父母。当父母决定养育多个孩子的时候,希望小孩子有更多陪伴,但是案例中的小女孩却告诉妈妈,她宁愿没有哥哥。你可能认为,小女孩和哥哥平时相处不好,或者她有一些心理问题。

其实,这是孩子正常的情绪。有些孩子表达得清晰,有些孩子表达得模糊;有些孩子会用明确的话表达出情绪,有些孩子则会和其他孩子较劲。不过,请你放心,你女儿是从心底爱哥哥的,矛盾只是暂时的。

在孩子人生的某些阶段,他不想有兄弟姐妹,因为兄弟姐妹剥夺了他作为独生子女的特权。孩子把兄弟姐妹当成竞争对手,为争夺大人的爱和关注而战。"为什么我有一个哥哥?为什么我要和他分享我的父母和生活空间?为什么我和他要被同等对待？我想成为父母最爱的人！"

如果你的女儿和哥哥发生冲突，你能做的第一件事就是允许她表达自己的感受。如果你在其他孩子面前听她诉说，可能会伤害其他孩子，所以我建议你单独和女儿谈谈心。请你尽量从共情的角度出发，不要一味地指责孩子："你怎么能这么说？你必须爱哥哥！"这只会让她感觉更糟，并增加她对哥哥的抗拒。她的内心可能有很大的困扰：她不想和哥哥共同生活，因为他会打扰她、妨碍她，在家里得到与她相同的待遇，让她不再是特别和唯一的孩子！如果父母无法理解她内心的困扰，她的不适感就更强烈了。她的负面情绪将不断增加，并把怨气发泄在哥哥身上！所以请你接纳她的情绪，她的情绪是自发的、真实的，它不会因为你的批评而自动消除。

当女儿向你倾诉她的感受时，不要试图说服她有哥哥是美好的，也不要让她回忆哥哥为她做过的所有好事、他们共同玩耍的精彩时光。因为现在不是时候！你的目标是先让女儿表达她在这个阶段对哥哥最真实的看法，再安抚她的情绪。

🏀 当你的女儿告诉你,她有多讨厌有兄弟姐妹,想成为独生女时,请你为她创造一个世界——那里可以实现她的愿望。你可以告诉她,如果她是独生女,她不仅可以吃掉整个蛋糕,而且没有其他人会碰她最喜欢的玩具。大人只会关注她,永远不会有其他孩子因为做作业而向妈妈寻求帮助,或是坐在妈妈的腿上。你要夸大你能想象的一切,为她创造一个"自由却孤单的世界"。也许通过你的描述,女儿能更加体会到有兄弟姐妹的好处。

两个孩子之间的冲突

曼努埃尔:"有时,当我妻子给小宝宝喂奶时,我们3岁的儿子会生气。他把玩具扔到地上,用脚踢他的母亲,还大喊大叫。我们知道他是出于嫉妒,但我们不知道该怎么办。"

如果你的孩子不能忍受你和其他孩子单独在一起,你可以耐心地向他询问原因。如果你有一个六七岁的儿子,你可以说:"当我给小宝宝喂奶的时候,我看到有个小坏蛋来踢我,他发脾气了。我觉得他不喜欢小宝宝,他更想让我陪在他的身边。"

此时,你已经说出孩子内心的真实想法。现在,他只是感觉有些不舒服,还有一种攻击性的冲动,但不太清楚这种冲动是从哪里来的(在看到你与小宝宝如此亲密的时刻)。同时,这种冲动也让他感到不安,因为他知道他不应该攻击他人。此外,预料到你会责骂或批评让他感觉更糟。因此,除了最初的嫉妒,他还增加了另外两种不适的感觉。如果你能准确地说出他内心的感受,他的不适会在第一时间缓解:他不喜欢看到你和小宝宝在一起,因为他觉得自己被排挤在外了。

在这个时候,让孩子知道你也爱他是至关重要的,他需要确定他在你心里是重要和被珍视的。当你意识到孩子需要你时,你可以告诉他:"小宝宝饿了,你拿上这本故事书坐在我旁边,等我喂完奶,我们一起读一个故事。"

如果你的孩子超过 6 岁,你可以这样说:"我看到你生气了,因为我和小宝宝在一起。她现在更需要和我在一起。我知道你也想和我在一起,我一会儿就过来陪你。等小宝宝喝完奶,你帮我一起准备晚餐,怎么样?"

我建议你温和地说这些话。孩子只是有一点情绪,并没有做出过度的反应,况且他也需要你的陪伴和关注。你的愤怒只会增加他的不适和压力,从而导致他做出负面行为。

我给孩子看他小时候的照片

安帕罗说:"阿玛雅,我听了你的话,给孩子看了他小时候的照片。幸运的是,我们留存了很多照片。我会打印出照片,和孩子一起重温他小时候的时光,这让他很开心。后来,我再给小宝宝喂奶时,他没有像以前那样生气,而是问我,'妈妈,我小时候也要喝奶吗?'我告诉他是的。他每天都想和我一起看照片。"

大孩子欺负小孩子

卡拉和安东尼奥:"我们的大儿子(13岁)每天从一起床就开始招惹他弟弟(10岁)。弟弟自然要自卫,于是总和哥哥打架。我们惩罚了大儿子,跟他说这样做不好,虽然他明白了道理,但还是不改。"

当大孩子招惹小孩子时,常常是因为他惹恼小孩子而感到强大,体验到一种强烈的权力感。甚至在有些家庭,兄弟姐妹之间的这种关系已经成为一种自然的相处模式。

就像处理其他问题一样,首先你要接纳孩子之间发生的冲突,然后告诉大孩子:"我看到你招惹弟弟,你觉得这样的自己很强大。"如果你看到大孩子在无聊的时候也会随意招惹小孩子,这时你必须表明家庭的规则:"我不能容忍这样的行为。你不能随意招惹弟弟,去做你应该做的事情。"

你可以帮助他发现有趣的活动:画画、玩球、帮你做饭、跳绳、唱歌或听音乐，等等。此外，你可以告诉他，当他想要招惹弟弟时，可以向大人寻求帮助。

当你看到大孩子走近小孩子，想来打扰他时，你要提前预判并尽快阻止这种情况。你不必生气，只需说："我看到你要找弟弟的麻烦了。跟我来，妈妈给你找个有趣的事情做。"或者说"当我完成工作报告后，你想和我一起读书吗？"

🏀 当你看到大孩子接近小孩子要招惹他时，你可以像转播比赛的解说员那样，用夸张的语气说："我们看到玛丽亚越来越接近她的妹妹，她靠得越来越近了，她们已经挨在一起了，她想告诉妹妹她的画很糟糕！但在此刻她们的妈妈来了，站在她们之间，避免了一场攻击……我们继续下一场比赛！"

🏀 你可以引导孩子去寻找他们的娱乐活动。你可以说："真奇怪，我看到一个超级无聊的小孩，让我钻进他的脑袋里一探究竟——此时你在不惹恼他的情况下摸摸他的头，检查他的耳朵，在他的头发中好像找什么东西……我看到了一些有趣的想法，但它们有点隐蔽。我们怎么才能把它们从脑袋里取出来呢？"如果你的孩子年纪小，你可以让他低头，以便他的想法"冒出来"。或者,你可以说:"我好像看到隐藏在你大脑中的这个想法了,我猜你很想用新画笔给我画一幅肖像,对吗?"

🏀 我建议你和你的孩子一起制作一本"有趣的书"。选择一个笔记本(你们可以随意装饰封面),并在上面写下孩子喜欢的活动,比如画画、做饭、泡澡或淋浴、跳绳、踢球、玩游戏、读书、和你聊天、听音乐……当孩子无聊时,你可以鼓励他翻开这本书。

孩子们总打架

萝拉:"我们家就像一个战场:孩子们不停地打架,我已经没脾气了,因为从他们醒来的那一刻起,就意味着可怕的一天要开始了。有时我真想离家出走。"

在一个家庭中,孩子们共处一室并不容易,他们可能觉得空间不够。如果没有最亲密的父母在场,他们很可能会引发冲突。

当冲突和竞争反复发生时,你可以先让孩子们分开一段时间,对他们说:"你们暂时不要一起玩了。"虽然这种方式有些强硬,但可以暂时制止冲突,为每个孩子提供单独的空间。他们不知道如何分开、如何冷静,所以需要你的帮助。你可以规定让他们分开几小时、一整天,甚至两天的时间。

根据我们的家庭教育经验,孩子们分开几小时后,或者第二天,就会想要一起玩耍。这时你可以问他们:"你们准备好一起好好玩了吗？如果你们再打架，还要分开！"

🏀 当孩子们打架，互相不理睬时，可能会寻求你的帮助，让你帮他们传话。比如孩子对你说"告诉我弟弟……"，你可以做孩子要求你做的事情，如果你代替孩子（就像你是孩子一样）做这些事情，特别是当你夸张地转述信息时，就会产生非常不同的效果。通过下面这个例子，你将了解：

玛丽亚："妈妈，告诉佩德罗把书还给我。"
你（对佩德罗说）："把书还给我！"
佩德罗："但这本书是我的。"
你（对玛丽亚说）："但这本书是我的！"
玛丽亚："这本书是我的，是他从我这里拿走的！"
你（对佩德罗说）："这本书是我的，是他从我这里拿走的！"（当你说"他"时，你可以环顾四周看看是否有"他"。）

这段对话可以持续多久，取决于孩子们想要持续多久。在我家里，我们偶尔会这样做，最后我们都笑了，紧张氛围慢慢缓和了，恢复松弛的气氛后，孩子们就会重归于好。

让孩子们学会自己解决冲突

通常,从8岁起,孩子们就可以自己解决与兄弟姐妹的冲突,以及日常生活中的困难。父母可以召开一场家庭聚会,教孩子们学会解决问题的方法。选择一天中某个轻松愉快的时刻,地点可以在公园里或家里。重要的是,此时孩子们没有争执,和你们之间的关系是融洽的。接下来,由你宣布要讨论什么:"我发觉大家都想坐在副驾驶的位置,可座位只有一个,让我们来讨论一下怎么办。"

正如你看到的,没有人会受到批评或指责。你只是在描述这个问题,然后和孩子们一起寻找解决方案。接下来,请你记录每个孩子提出的想法,即使是那些不可能实现的想法。如果你的大儿子对你说:"我想永远坐在副驾驶的座位上",把它写下来。如果你最小的孩子也这么说,也把它写下来。在解决问题的过程中,尊重每个人的想法。

最重要的是,让每个孩子说明原因。如果你觉得有必要，你可以在讨论开始时先提出一两个想法，但最好是让孩子们来思考解决冲突的最佳方式。

一旦你把所有的想法都写下来，经过讨论，逐个画掉不切合实际的想法，直到只剩下最后一个了，那就是你们要做的决定。

不对孩子们的冲突做评判

路易斯和安帕罗说："以前，我们总是要求孩子们告诉我们，为什么打架，然后我们会批评或惩罚表现不好的孩子（几乎总是同一个孩子）。这会引起很多怨恨，我们批评得最多的孩子抱怨我们总是骂他，他觉得这不公平。现在我们不再这样做了，而是让他们自己解决冲突，并告诉他们必须达成一致意见。有时我们也会根据需要将他们暂时分开。"

大孩子不理会小孩子

马尔："我们的大儿子经常忽视他弟弟的话，即使听见了，也不回应。"

我们已经看到，在许多情况下，孩子被迫与兄弟姐妹共同生活是困难的，而摆脱别人的最好方法就是忽视他。对父母来说，如何教孩子懂得家庭中最基本的规则？这是个难题。另一方面，你也要清楚，批评或惩罚有时候毫无用处。

我的建议是不要反复对孩子说："当有人和你说话时不回答是不礼貌的"，因为他已经明白，你也不要责骂或惩罚他，要尝试用轻松幽默的方法和他沟通。

🏀 当一个孩子忽视了另一个孩子时，你可以这样做。例如，在吃饭时，弟弟让他的姐姐亚历杭德拉把盐罐子递给他。亚历杭德拉沉默不语，无视她的弟弟，也不去拿盐罐子。这时，你非常殷勤地把盐罐子递给儿子，同时像亚历杭德拉一样说话："好的，没问题，弟弟，给你盐罐子。我是一个善良的女孩，我会尽我所能让你有个好胃口。"此时，亚历杭德拉就会明白自己应该怎么做，在潜移默化中学会家庭中最基本的规则。

为小事而争吵

克里斯蒂娜："我的孩子们经常为小事争吵，我无法阻止他们。"

看到孩子们相互争吵和伤害，父母会非常难过！重要的是，你的内心得始终有个启动的"雷达"，以监测有人可能会受到身体或情感伤害。你比任何人都更了解你的孩子和他们的动态。如果情况变得严重，请尽快进行干预！不要等到他们已经陷入困境。

🏀 请你尽量以轻松的方式进行干预。看看孩子们在哪里，拿起你手边能找到的细长的物品：圆珠笔、香蕉、玩具……就像打电话一样把它放在耳边，假装你正要打电话给警察。你可以说："警察叔叔，我们家出现了严重的问题。马里奥把球从罗莎那里拿走了，罗莎原本玩得好好的。我们能做什么？"

你假装安静地听警察回答。此刻，孩子们很可能已经忘记了他们的冲突，因为你的举动引起了他们的注意。几秒钟后，你可以和警察说再见了，然后挂断电话，对孩子们说："警察叔叔告诉我，我必须追上你们拿到球。一，二，三，我来啦！"然后你追着他们跑。

进行了这个简单的游戏后，你就可以把孩子们的注意力从冲突中转移。此外他们之间的敌意也会消退，或许他们还要联合起来应付你。

解决日常冲突

我的许多学生告诉我，他们的孩子总是打架。实际上，这不是坏事。孩子们在某些情况下打架，你只需要了解情况并逐一纠正。以下是兄弟姐妹之间经常发生的冲突：

- 我画画的时候他总是捣乱。
- 他坐在我的椅子上。

- 他拿走了我的东西。
- 我很无聊。
- 爸爸只听她说,而不理我。
- 现在该睡觉了,但我不想睡(所以就去打扰弟弟)。
- 我们踢足球,他击败了我。
- 他作弊。
- 他不想和我一起玩。
- 家庭作业让我感到焦虑,我通过招惹妹妹来释放压力。
- 他未经许可进入我的房间。
- 他从我身边经过,打了我一拳。

我建议你正视这些冲突,了解原因,并逐一解决。如果你的孩子因为做家庭作业而焦虑,故意招惹妹妹,那么在做作业时把他们分开;如果他们打架是因为一个人从另一个人那里拿走了东西,那么划定可以共享和不能共享的物品,并将那些不能共享的物品放在特殊的盒子里,把它放置在孩子们拿不到的地方。

互相竞争

玛格达:"我有一对双胞胎,他们喜欢比拼。看看谁先吃完饭,谁先跑到墙角,谁先穿好衣服,谁个子更高……当然,最后的比拼结果是一个孩子哭了,因为他比输了。我们能做些什么?"

孩子之间竞争是很自然的。他们可能在争夺大人的关注,经常表现为:想要赢,想要做更多事,变得更快,变得更好……这意味着他们渴望得到你们更多的爱。因此,他们之间建立起了竞争机制,这种机制扩展到他们生活的许多方面。他们做的每一件事都是为了超越他人,他们不认为自己的生活是独立于他人的,所以用比拼来衡量一切。重要的是,你要了解孩子的感受,给每个孩子同等的关注,让他们找到安全感和价值感。

告诉孩子不要竞争并没有多大用处,因为孩子想要获胜是一种情感上的需要:每次孩子们竞争时,都在为得到你的爱而战。你可以这样引导孩子:"你想要赢过妹妹,这对你很重要，妈妈知道你很棒，也很照顾妹妹，妈妈对你们的爱是同等的。"你的任务是让孩子明白，你看见了孩子的情感需求。

当再次发生竞争时，你可以通过说下面的话，让孩子知道他想要获胜的需求与得到你的爱无关："你是不是觉得如果你更早做完作业，我会更爱你？其实，无论你是不是第一个做完作业，我都永远爱你。"

一旦你表达出这些情感，孩子们就会慢慢找到安全感，你就可以迈出重要的一步：**将互相竞争转化为互相合作。**

✹ 如果他们争先恐后地收拾桌子，你可以建议他们合作完成：一个人拿盘子，另一个人接过盘子放在洗碗机里。

✹ 如果他们比赛谁跑得更快，你可以邀请他们参加"两人三足"比赛，他们在练习的过程中就能学会团结协作。

✹ 如果他们在玩某个游戏（例如球类游戏）时竞争，那就制定一个新的规则来让他们合作。比如，二人一组，如何在最短的时间内传球、接球。

🏀 如果他们在刷牙、穿衣、整理书包等日常活动中比赛谁最快,那就建议他们结合为一组:"我想看看你们能不能在 2 分钟之内做到!你们想想怎么做才能更有效率?"

如果你的孩子经常打架,很少有一起玩耍和欢笑的时间,当你看到他们在一起玩得开心的时候,就告诉他们:"看到你们相处得这么融洽,真为你们高兴。"

放学后,两个孩子之间的比赛

安东尼奥说:"我有两个孩子,弟弟每天都着急地离开学校,想比他的哥哥更早到达公园。由于哥哥行动更快,落在后面的弟弟很不甘心。当弟弟最终赶上哥哥时,哥哥会嘲笑他。我觉得这对每个孩子来说都是不愉快的。阿玛雅建议我,采取让他们一起到达公园的方法:兄弟俩牵着手一起走。"

总想赢过对方

> 安吉尔："我8岁的女儿和10岁的儿子喜欢在一起踢足球，但他们总以生气或受伤收场。我该怎么帮助他们呢？"

你可以制定游戏的规则，给出明确的指示，让他们知道游戏的目的，以及他们在游戏中什么可以做、什么不能做。作为一个成年人，你应该提醒孩子们遵守游戏规则，培养他们的安全意识。

如果两个孩子在踢足球时总是打架，你可以扣除他们的进球得分，或者缩短踢足球的时间。

这些干预只应在孩子们不断发生冲突的情况下进行（也就是说，他们经常踢足球，结果总是很糟糕）。如果是偶然发生的情况，你可以让孩子们乐在其中，然后尝试自己解决问题。

孩子打架，父母不要当"法官"

孩子打架，父母做得最糟糕的事情就是盲目干预，评判谁是谁非。这种教育方式容易让一个孩子产生怨恨，让另一个孩子产生特权感。在孩子的成长过程中，这些情绪都不是正向的，也无助于他们和睦相处。

当看到孩子打架时，父母最应该做的是给他们空间和时间，培养他们独自处理冲突的能力。你可以帮助他们更清楚地表达自己的看法，尽快解决冲突。不过，如果紧张局面升级，攻击（言语或身体）很激烈，那么你必须进行干预，以遏制对抗。

你的愿望是孩子们不仅在现在，而且将来也能保持互帮互助的关系。为此，你必须让他们从小学会友好相处。当他们还不懂事时，想要做到友好相处是非常困难的，因为每个人都有自己的性格、兴趣和价值观。你要帮助和引导孩子们学会在争论中倾听对方的意见，尊重对方的感受，这样他们之间的感情会变得深厚，矛盾也会减少。

章节摘要

- 接受每个孩子的情绪，让他们讲出自己的感受，不要对其盲目评判。

- 让孩子体会到有兄弟姐妹的好处。

- 不要在孩子们的冲突中充当警察或法官的角色，而是成为调解人，化解冲突。

- 如有必要，将孩子们暂时分开，以免相互伤害。

- 当你干预他们打架时，请你尽量以轻松的方式进行。

- 永远不要鼓励孩子们竞争，要将他们的互相竞争转化为互相合作。

- 了解发生冲突的原因，给每个孩子同等的关注，让他们找到安全感和价值感。

第 6 章

情绪管理

我们每个人都要学会做自己情绪的主人，适度地调控情绪，有分寸地宣泄情绪。

每个孩子都有情绪爆发的时候，或是带有攻击性的行为，或是让你不知所措地大哭。

你不知道如何去面对，有时还会导致你自己情绪爆发。那么，如何管理孩子的情绪呢？

首先，你应该允许孩子表达情绪，建立积极的亲子关系有助于孩子更好地表达情绪；然后，接纳并帮助孩子释放情绪。请你尽量保持开放的心态，倾听孩子的感受，并尝试理解他们的情绪。

接下来，我将提供一些实用的方法，帮助你更好地管理孩子的情绪。

请求被拒绝，就会生气

> 爱诺亚和伊格纳西："我们不能对女儿说不，一旦表示拒绝，她就会非常生气，所以我们经常做出让步。"

我建议我的学生们：对孩子的态度始终要保持一致。你答应了孩子什么，那就做到什么；你拒绝了孩子什么，那就坚决说不。这样做会让你成为一个值得信赖的人，也会给孩子很强的安全感。如果你用温和而坚定的方式与孩子沟通，孩子就会意识到：家里的规则不会随意改变，它们不是随意制定的。

当你不确定是否答应孩子的请求时，我的建议是延长回答的时间。你可以这样说："现在我不知道该怎么回答你，我必须考虑一下。"

如果你的孩子继续提出请求，你可以说："我现在不确定是否能答应你，如果我必须回答，我可能会说不，所以请你让我再想一想。"

你可以通过思考以下问题，判断是否答应孩子的请求：

- 这很糟糕吗？
- 这违背了我的价值观吗？
- 我会后悔答应孩子的请求吗？
- 这样做可以避免冲突吗？
- 这会产生不良后果吗？
- 这违背我们的家庭作息吗？

如果你对这些问题的答案是"不"，那么你就可以答应孩子的请求，允许他去做。如果你对一个或多个问题的答案是"是"，那么除非有例外情况，否则不要答应孩子的请求。

当孩子的请求被拒绝，他可能会生气。重要的是，你要让孩子表达出情绪，然后接纳和安抚他的情绪。等孩子情绪稳定之后，你可以引导他换位思考，尝试着理解为什么你会拒绝他的请求。

🏀 为了安抚孩子的情绪，你可以在告诉他决定之前提醒他："我要告诉你一个坏消息，也许你听到后怒气会比咱们家的屋顶还高。你要做好准备哦！"用这种诙谐幽默的方式表达，孩子会更容易接受你要告诉他的事情。

🏀 当孩子情绪失控时，父母的第一反应往往是立刻去安慰或者责骂。然而，这样的做法可能会引发更大的情绪反应。我建议你给孩子发泄情绪的时间，让他自己慢慢冷静下来，通过反思来认识自己。这不仅能帮助孩子更好地管理情绪，而且能培养他们独立解决问题的能力。

🏀 面对情绪失控的孩子，父母需要保持冷静，用平和的语气与孩子交流，让孩子意识到"发脾气并不能解决问题"。当孩子感受到父母的理解和关心，情绪自然就会慢慢平静下来，愿意敞开心扉、解决问题。

🏀 当你了解孩子发脾气的原因，可以告诉孩子为什么现在不能满足他的请求，孩子的心理需求得到一定宽慰之后，也就更加容易平静下来。

小孩子也有坏情绪

安娜说:"今天 4 岁的儿子生气地对我说,'妈妈,帮我告诉那个情绪坏蛋,让他走开!'我听到后笑着摸摸他的头。"

坏情绪是暂时的

当孩子有不良行为(攻击、哭闹、撒谎……)时,你可以根据他们的性格特征来识别这些举止。孩子很容易将其内化和理解为他们就是这样的人:"我有侵略性""我粗鲁无知""我不耐烦""我很容易失去控制""我什么都提不起兴趣"。要让孩子意识到坏情绪是暂时的。你可以告诉孩子:"别担心,你不会一直这样的,坏情绪会过去的。"重要的是让孩子明白,坏情绪也是自己的一部分,我们需要做的是接受它的存在。

无法摆脱愤怒,陷入坏情绪

卢尔德:"我的儿子不经常生气,但当他生气了,他的愤怒会持续很长时间。他可以几小时不跟我们说话。"

如果孩子总是无法摆脱愤怒,就会陷入坏情绪中,无法感受到快乐。此外,他的坏情绪也会影响其他人,使家庭气氛变得压抑。

不要跟孩子说只能生气5分钟,重要的是帮他疏导情绪。在孩子生气一小会儿后,你可以平静地对他说:"我知道现在你很难发泄情绪。我看到怒气进入你的身体不想出来,让我们一起想想让它离开的方法吧!"我们把坏情绪想象成一个人物形象(一个小怪物、一个仙女、一个英雄……),他在你的身体里,让你坐下或躺下,关注他的呼吸。每次他吸气,你的眼前都会出现美好、幸福的情景;每次他呼气,他就会变小。最初的几次,你可以陪伴他完成,但很快他就能自己完成了。

◉ 你可以拿个洋娃娃做"放松"的示意，教孩子放松下来，然后把它交给你的孩子，同时对他说："你能照顾好它吗？它需要你的帮助才能平静下来。"

◉ 大部分的冥想，其基础通常都是深呼吸，就像婴儿呼吸那样，用腹部呼吸，把气一直吸进腹部，然后再轻轻呼出来。呼吸训练可以帮助孩子摆脱坏情绪，专注于当下应该做的事情，家庭氛围也会变得宁静和谐。好的家庭氛围，给人安心、愉快的感觉，滋养孩子的成长。

　　双腿交叉席地而坐，也可以平躺下来。

　　闭上眼睛，用鼻子深吸一口气，然后通过嘴呼气。这个动作做三遍。

　　保持眼睛闭上，从鼻子吸气，屏住呼吸3秒钟，然后从鼻子呼气。这个动作做三遍。

　　从鼻子深吸一口气，从嘴里呼气，缓缓地说，"哈，哈，哈"。

　　继续闭着眼睛，想象有一朵云彩包围着你，享受现在的这份宁静。

教孩子冥想

马特奥说:"我们正在开生日宴会,突然儿子发现他把滑板忘在了公共汽车站,他既沮丧又自责,一直沉默不语。后来他告诉我,他用我教他的方法坐下来冥想了一会儿,感觉好多了。"

当孩子情绪失控时,陪在他身边

当孩子情绪失控时,我们有时会将他驱逐出家庭活动的中心,把他赶到房间角落让他自己反思。如果在学校,老师会让孩子去走廊反思。我非常不认可这种教育方式。如果孩子情绪失控、感到非常难过,还要被这样对待,他只会感觉更糟。那么,如何帮助孩子冷静下来?

在我孩子的学校里,当孩子情绪失控时,老师都是坐在他的旁边陪伴他,适时安排他和其他孩子一起完成手工活动：切水果、揉面包、打磨一块木头……让孩子参与有趣的手工活动，可以帮助他更快平静下来。

在家里同样可以用这种平复情绪的方法。如果孩子的情绪不受控制，那就让他坐在你旁边，给他找点事情做：叠衣服、摆桌子、整理书架……他一开始可能会反抗，但没关系，你只需要保持坚定。当他集中注意力做眼前的事情，慢慢地就会平静下来。

对任何事都说"不"

> 托尼:"我女儿对我要求她做的任何事都说'不'。让她整理床铺,收拾桌子,去洗澡,她的回答总是'不'。不过在我的强烈要求下,最后她还是会去做,但她不可能马上就去做。"

我的第一个建议是,检查你是否有清晰的"家庭规则地图"。你女儿知道必须整理床铺吗?她知道每天都要收拾桌子吗?还是只在你提要求的时候去做呢?如果你没有创建清晰的"家庭规则地图",我建议你这样做,并且让其他家庭成员参与进来,以便每个人都确切地知道自己的家庭任务。

但有时候,虽然你已经创建了"家庭规则地图",但它也不起作用。在这种情况下,你需要考虑是否可以改变一些规则。如果你的女儿超过 8 岁,那就和她一起商量家庭规则。你想在放学后洗澡吗?还是喜欢隔一天洗一次澡呢?找到那些女儿更容易接受的规则。

孩子和你一起做事情会更容易吗？如果是这样，那就陪着他一起做。孩子拒绝你不会没有理由的，有时候拒绝是一种寻求帮助、寻求关注的方式。当你愿意花时间和孩子一起做事情，孩子会得到所需要的支持，他就有更多的兴趣完成你交代的任务。

成年人很容易站在自己的角度上思考，给孩子提要求，但没有意识到孩子可能正在专注于另一项活动。我建议你，提前通知孩子，这有助于给孩子时间放下正在进行的活动。如果你女儿正在读书，你可以告诉她："读完这一章就去摆桌子，准备吃饭。"如果她准备玩游戏，你要事先提醒她。

❋ 此外我想提醒你：无须反复催促孩子去做事，只需要等待孩子准备好，然后主动去做你要求他做的事情。

不尊重甚至辱骂家长

> 米格尔和玛尔塔:"儿子生气时会辱骂我们,而另外两个孩子都没有这样做。我们是非常守规矩的人,从不辱骂或殴打孩子。我们不知道该如何回应他的这种举动。"

孩子不尊重父母、说脏话是很棘手的问题。许多父母认为,是自己没有树立威信,才让孩子成为没有教养的人,于是他们常常用强硬的方式教育孩子:粗暴指责,逼迫孩子,甚至非打即骂。

在大多数情况下,越呵斥孩子别说脏话,孩子说得越起劲。父母专制的教养方式并不能阻止孩子的不良行为,反而会破坏孩子的自尊心,加剧他的无助感,更有可能将他推向反面,使家庭关系变得紧张。

孩子不尊重父母、说脏话,父母应该如何应对?

首先,父母要注意自己的语言表达。不仅是你的用词,还有你的语气、声音和面部表情。也许你在不经意的情况下经常对孩子说:"你让我受够了。""你让我很烦心。""我再也受不了你了。""你怎么能这样做呢?""我不想和你在一起。""我不再爱你了。""你这个孩子没救了。""如果你再这样……"这样说就是在羞辱和攻击孩子。

的确,你没有辱骂孩子,但每次你说这样的话,会让孩子感到不被尊重。通常,孩子会模仿父母的言行,再"创造"出自己的言行。所以,父母在平时要注意自己的一言一行,给孩子树立好的榜样。

当孩子说脏话的时候,你要温和而坚定地告诉他:"我不喜欢你这样说话。"或者"你这样攻击别人,我帮不了你。"或者"我理解你很生气,我希望你用恰当的语言宣泄情绪。"

你要明白,孩子不会无缘无故地发脾气。可能他希望落实的事情落空了,他被拒绝了,他的计划被迫改变,他会想"我现在能做些什么来度过这段糟糕的时光,让父母理解我内心的失落?我是不是做得不够好?"

孩子希望在有松弛感的家庭里成长,最重要的是,他希望感到自己是有价值的、被爱的。他不想成为做错事情的孩子。然而,当发生使他希望落空的事情时,他大脑中最理性的部分会被阻断，并像受到威胁的动物一样做出反应：去攻击。在这种情况下，父母要启发和引导孩子，要有足够的耐心，包容孩子。你必须让孩子免受威胁，要为孩子提供放松的环境，引导孩子文明说话，正确表达自己的情绪。只有这样，才能减少直至消除孩子的攻击行为，帮助孩子形成健全的人格，健康成长。

你美丽的声音在哪里？

孩子对你大喊大叫，该怎么办？我在家里使用最多的方法，也是我的学生们使用最多的方法是告诉孩子，他失去了美丽的声音。当孩子对你大喊大叫时，你可以做出在地板上、抽屉里找东西的样子。你可以说："我在寻找你美丽的声音。"或者"你能用美丽的声音告诉我你需要什么吗？"如果一切顺利，相信孩子会笑的。

通过这种方法，你将实现三件事：

1. 向孩子明确表示，你不能容忍他大喊大叫。

> 2. 用轻松、幽默的口吻和孩子交流，会让他们感到轻松愉快，更加愿意接受父母的教育。
> 3. 与孩子建立联结，改善亲子关系，不会与孩子对抗。

🏀 如果你的孩子不到 8 岁，你可以和他谈论仙女、超级英雄……你可以这样说："我知道，你想喝酸奶，但今天家里没有酸奶，所以你有点不高兴，让我们和愤怒仙女待一会儿。我希望她快点离开！"

🏀 如果你的孩子超过 8 岁，你可以简单地说："我知道，你想喝酸奶，但今天家里没有酸奶，明天你自己拿钱去超市买酸奶，好吗？"

随着孩子的成长，你可以向他解释大脑是如何工作的，帮助他认识情绪、控制情绪。从 8 岁开始，你可以告诉他："愤怒是一种正常的情绪，每个人都会有。当事情不像你所期望的那样，或者你累了，或者你不想做某件事的时候，你的大脑有时会崩溃，产生负面情绪，但你不能随心所欲地表达情绪，应该学会做一个情绪稳定的人。"

当孩子意识到情绪失控时，你也可以想想如何帮助他。对我的小女儿来说，洗澡对她平复情绪有帮助。我记得当她5岁时，有次她大发脾气，大喊大叫，然后她说，"我想要洗澡冷静一下！"那时她已经知道洗澡能帮她恢复平静了。

我建议你绘制一张"期望地图"，让孩子知道可以期待的事情，这将避免孩子的许多希望落空，从而减少孩子的情绪失控。你可以在"期望地图"上写可以满足孩子的哪些期望、何时使用电子产品、睡觉和起床的时间、放学后的活动，以及每日菜单，这将有助于孩子学会管理情绪。

不过，即使这样，孩子难免也会有情绪爆发的时刻。当孩子情绪爆发时，你该做什么？首先要保持冷静，及时回应孩子的情绪，让孩子感觉到自己没有被父母忽视。这句话可以帮助你："我的孩子正处于非常困难的时刻，我会坚定地帮助他。"

父母如何帮助孩子控制情绪？有时需要你的拥抱，有时需要你用温柔的语言安抚他，有时需要让他独自在房间待一会儿。如果孩子需要你用语言帮他冷静下来，你必须先搞清楚孩子为什么会情绪失控，然后才能对症下药。你可以说：

"我理解你很生气,你可以告诉我是什么事情让你感到困扰吗?无论是什么事情,重要的是你不能伤害到别人。"

🏀 你可以给孩子提供多种方法来缓解情绪:去踢球、跳绳、跑步,让他把内心充斥的情感压力通过运动释放出来,而不是去攻击任何人。

当孩子攻击别人时,需要你的制止,这时一个坚定的指示效果就很好:"你现在必须停止攻击。"或者简单地说:"快停下来,你这样做不对。"你还可以抱住孩子,让他感觉到温暖却有力量。无论你怎样做,请不要打骂孩子。

如果孩子已经满8岁,你可以鼓励他自己去房间冷静,但不要让他感到这是一种惩罚。你可以对他说:"在你冷静下来之前,我们不能解决这个问题。或许你可以去房间里自己平静一会儿,直到你调整好情绪,我们再一起讨论。"

🏀 ==我希望你永远不要把孩子驱离你身边,因为这对他的影响是毁灭性的==。孩子除了会感到极度不适,还会觉得被驱逐出家庭,看不到父母的关爱,他的处境会变得更加困难。你可以在他平静的时候与他商量:"去自己的房间待一会儿吧,这样做对你有好处。"请你用温和的语气表达,而不是强硬的语气。

帮助孩子识别情绪、平复心情

苏珊娜说:"我8岁的儿子几乎每天都很难过,我用你教我的方法,帮助他识别自己的情绪。昨天晚上,他很沮丧,不停地哭泣。我鼓励他向我寻求帮助,我们给悲伤起了个名字——'悲伤的乌云'。我告诉他,我也有情绪低落的时候。我给他拿了点桃子奶油,让他闻一闻,感受夏天的味道,虽然不能消除悲伤,但它有助于平复心情。"

识别孩子的情绪,帮助他控制情绪

你能为孩子做得最好的情绪管理训练就是教他们识别情绪,正确表达和控制情绪。遇到以下情况,孩子可能会产生负面情绪:

1. 当孩子心存期望但没有实现时。"我想吃通心粉,而你却让我吃意大利面。""你说会陪我一起玩,但你一直在忙别的事情。"

2. 当孩子处在变化之中。去两个不同的家庭生活（比如父母离异的情况），或者每次搬家的时候。
3. 当孩子处在日常过渡中。"我很难去上学，也很难离开家里。""我很难起床，也很难上床睡觉。"
4. 当我们拒绝孩子的要求时。"我想要这个玩具，但你不给我买。""我想再看一会儿电视，你不让我看。""我想在公园里多玩一会儿，你却催我赶紧回家。"
5. 当我们要求孩子做他不想做的事情时。"我在玩的时候，你让我去刷牙。""你让我收拾桌子，但我不喜欢这样做。""你让我赶紧做作业，但我有自己的时间安排。"

找出孩子生气的原因，告诉他："我知道，改变计划会让你的大脑崩溃。""我看到你每天都带着压力离开学校。没关系，你回家后可以先放松一会儿。""当我让你去刷牙时，愤怒仙女来了。我们能做些什么让她不来？要知道，每个孩子都必须要刷牙。"你可以根据孩子的年龄和兴趣做些调整。

我建议你和孩子一起寻找控制情绪的办法。你可以对他说："如果我们放学后去公园玩一会儿，你会更快地释放学习压力，你认为这是个好主意吗？""你认为我们怎么能避免每天为了摆桌子而起冲突？""如果你不想放学后写作业，可以在晚餐后完成，或者换一个房间做作业。你觉得怎么样？"

如何控制好情绪，这是一个需要不断尝试的过程，可能不会立即奏效，但你将给孩子提供认识自己的机会，教他们不要成为情绪的奴隶，学会识别情绪、管理情绪。试想一下，即使是成年人，我们有时也无法应对复杂的情况，不能控制自己的反应，所以请不要期待孩子可以完全掌控情绪。我们每个人都要学会做自己情绪的主人，适度地调控情绪，有分寸地宣泄情绪。

🏀 通过游戏来消除孩子的攻击性。你可以尝试和孩子玩"角色扮演"游戏，让孩子体验被攻击者所承受的痛苦，学会共情，减少以后的攻击性行为。

✺ 如果你的孩子说脏话，你可以这样回答："我很难过，请你换一种方式重新表达。"

✺ 如果你的孩子用语言攻击你，你可以假装害怕地躲起来。你可以夸张地说："救命，有人攻击我！"然后向另一个方向逃跑。有时这种追逐游戏，可以缓解你们之间的紧张情绪。

✺ 你的目标是让孩子的大脑开始运转，让孩子能够学会清晰地思考，正确表达和控制情绪，而游戏可以帮助你实现这一目标。

孩子需要确信他们是被父母爱着的，因此你必须每天让他们感受到爱。孩子有时很敏感，父母不经意的话都会给他带来伤害，让他们感到不受重视。只有父母的关爱才能让孩子建立内心的安全感，并让他们感到自身是有价值的。父母身上的能量层级越高，越能激活孩子内心的能量，为孩子赋能。

章节摘要

- 面对情绪失控的孩子,父母需要保持冷静,用平和的语气与孩子交流,让孩子意识到"发脾气并不能解决问题"。
- 给孩子更多关爱,尤其是在他情绪失控的时候。
- 帮助孩子识别情绪问题并共同寻找解决方案。
- 为孩子绘制明确的"期望地图",以减少失落和对抗的时刻。
- 借助情绪管理训练,教他正确表达和控制情绪。
- 可以用游戏规则来消除孩子的攻击性。

第 7 章

正确使用
电子产品

如果你的家庭制定了
电子产品的使用规则,请遵守它;
但请你不要把使用电子产品当作交换的筹码,
也不要用它来威胁你的孩子。

孩子沉迷于电子产品，引发了许多家庭冲突。父母经常会大喊大叫，要求孩子关闭手机，但这个方式通常不起作用。

只有让孩子建立起对电子产品用途（打电话、拍照片等）的正确认知，才可能激励他改善使用电子产品的行为。

在本章中，我将教你一些方法，帮助你规范孩子在家庭中如何合理使用电子产品，从而避免亲子冲突。

沉迷于电子游戏或看电视

> 埃琳娜:"我的两个孩子只想玩电子游戏或看电视。除此之外,他们对任何事情都不感兴趣。"

我们首先要明白,不仅是孩子,成年人也会对电子产品上瘾。即使我们看的内容很无聊,也很难放下手机或关掉电视。因此,戒掉电子产品对成年人来说很难,那么对不成熟的孩子来说则更是如此。一旦明白了这一点,你就会理解孩子,帮助和引导孩子来规范电子产品的使用。

重要的是,你应该清楚教育孩子的原则和底线。女儿12岁了,可以给她买一部手机吗?孩子每周有一天时间可以自由看电视,还是每天看一个小时?是每天都可以玩游戏,还是只能在周末玩?

你必须先考虑两件事情再做出判断:孩子的年龄和性格,以及你的家庭价值观。

许多教育专家一致认为,父母应该立规矩,约束孩子使用电子产品。孩子需要在现实世界中成长,在真实的环境中与真实的人接触。如果孩子长时间在家玩电子产品,势必会减少与其他小朋友面对面交流的机会,久而久之,孩子的表达能力就会下降。因此,需要适当限制孩子使用电子产品的时间。

很多父母向我倾诉烦恼:"我很无助,我的孩子每天都盯着手机屏幕,整天待在家里,不愿外出。我该怎么办?"一旦孩子沉迷玩电子游戏或观看视频,父母就很难管教,因为孩子对现实世界失去了兴趣,只有在屏幕前,他们才能找到乐趣。

请先回答以下问题:

- 你希望孩子每天花多长时间使用电子产品?
- 你觉得什么类型的内容适合他们?
- 孩子可以在哪里看到这些内容?
- 孩子在一周中的哪几天可以使用电子产品?
- 孩子在家里的哪个房间使用电子产品?
- 你允许孩子把电子产品带出家门吗?

根据你的答案,明确设立家庭规则,比如每天放学后可以看半小时电视,并把它们写在日历上,这样家里的每个人都知道规则是什么,还能互相提醒和监督。

不让女儿看动画片来惩罚她

洛拉:"我通过不让女儿看动画片的方式来惩罚她,这样做对吗?"

如果你的家庭制定了电子产品的使用规则,请遵守它;但请你不要把使用电子产品当作交换的筹码,也不要用它来威胁你的孩子。

更不要轻易改变电子产品的使用规则,应该坚定地遵守和维护每项规则。如果你规定孩子只能在星期天看电视,那就认真执行,帮助孩子养成习惯。

此外,不要让电子产品成为孩子学习的动力,不要对孩子说:"如果很快写完作业,你就有时间看一会儿电视。""如果你表现得很好,我会给你放动画片。""你现在就写作业,否则你整个星期都别想玩游戏了。"

你制定的这套规则对孩子来说应该是有益的。一旦现有规则不起作用了,你就要制定新的规则,并及时传达给孩子。随着孩子的成长,你可以与他一起制定新的规则。

随意改变规则,助长了冲突

为了营造和谐的家庭关系,让每位家庭成员都了解家庭的规则是至关重要的。想象一下,如果今天你忙于准备晚餐和收拾房间,没时间陪孩子就允许孩子看2小时电视。第二天,房间打扫干净后,你有时间陪孩子了,但他要求看电视,你拒绝了他的请求,因为他昨天看电视的时间太长了,为此你感到很内疚,于是孩子开始哭闹,你只好同意让他看半个小时电视。第三天,你又被杂务缠身,孩子又有机会看1小时电视。接下来的几天,由于孩子在1周内已经看了很长时间电视,你决定不再允许他看电视,这一次你毫不妥协,以非常严肃的态度表明你"不同意"他看电视。

其实，你已经破坏了家庭规则。孩子也很困惑：你可以随意决定他每天看电视的时间，而他每天都得和你讨价还价。

不过，即使你制定了家庭规则，也可能出现执行上的随意性。例如，你的女儿周二发脾气，或者她不做作业，或者欺负她的妹妹，你以周末不准玩游戏来惩罚她。在这种情况下，是你随意改变规则。其后果就是，在孩子的心目中，你不讲信誉，是不可靠的。

如果有人告诉我们的孩子，某些事情会以一种方式发生，但又可以随时根据情况改变，那么孩子会不知所措，迷惑不解。因此，一旦建立规则，就要遵守它们，不要轻易改变。

孩子一边做作业，一边玩手机

> 胡安：“你建议我们要遵守规则，这对我们的帮助很大。但最近我的大女儿不愿做作业，因为她身边的手机总让她分心。以前，我们允许她用手机，因为她可以用手机上网查找资料，或者与同学讨论问题。现在，她一边做作业，一边玩手机，我们不想以拿走手机来威胁她，但我们能做些什么呢？"

你在家里建立的规则必须是有助于孩子、方便你们执行的。在生活中，我们会经历很多变化，孩子们也是如此。每个人的需求都会发生变化，家庭规则也要随之变化，以适应孩子的成长需要。事实上，孩子的睡眠时间、吃的食物、参与的家庭活动……都在慢慢改变，新的规则是为了适应孩子的成长。以前，你的大女儿能够利用手机的功能好好学习，但现在却沉迷于玩手机。与其威胁她，在你们之间制造紧张关系，还不如就手机的使用与她达成一项新的协议：从现在起，在写作业的时候不准使用手机，因为手机会分散她的注意力。

父母是孩子行为的引导者，有些决定必须由你们做出。我们知道孩子可能会表现出激烈的反抗，而我们不想和他发生冲突。你要知道，制定规则的初衷不是避免冲突，而是让孩子更好地成长。

尽可能减少甚至不再使用电子产品

关于如何使用电子产品的冲突每天都在发生，而且愈演愈烈，许多父母向我求助。根据不同的电子产品，我向他们提出了3个问题："如果你的孩子在学习日不看电视，他会更专注地学习吗？""如果你的孩子不玩激烈的射击游戏，而玩一些益智游戏，你同意吗？""如果孩子不使用手机，你们的冲突会减少吗？"答案总是相同的：是的，整个家庭的生活都会变得更好。

如果在你家里，电子产品是亲子间持续冲突的来源，那么我请你勇敢地采取行动，做出有利于家庭生活和孩子成长的决定，尽可能减少甚至不再使用电子产品。

关掉手机是一场战斗

> 伊莎贝尔："在我家里，我必须发脾气，孩子才会关掉手机。我们每天都为此产生争执。"

我对数百个家庭的咨询进行了总结，结论是：孩子不清楚他可以玩多久手机，才不会和父母发生冲突。他们认为时间是无限的，因为父母没有清楚地传达规则是什么。

当孩子沉迷玩手机，他们的大脑好像被手机绑架了，无法自行挣脱。

如何帮助孩子摆脱"手机上瘾"？首先，你要限制孩子使用电子产品的时间，然后在使用时间结束前 10 分钟通知孩子。请你走近孩子通知他，他还有 10 分钟就要放下手机，做应该做的事情。你要强调剩余的时间，果断拒绝孩子想开始新的游戏，或者再看一集视频的要求。

5 分钟后再通知一次，3 分钟后重复这一流程。当时间到了，让孩子自觉地关掉手机。在我指导的大多数家庭中，这套流程效果很好，能帮助孩子的大脑为逐渐断开与手机的联系做好准备。

但有时，即使家庭中的每个人都清楚使用手机的规则，父母也提前发出了让孩子关掉手机的通知，但由于孩子过于沉迷，以至于很难关掉手机。我建议你思考以下几个问题：

1. 孩子沉迷手机的背后原因是什么？你可以跟孩子进行一场沟通，倾听孩子内心的想法，再适时给予建议。
2. 你是否高质量地陪伴孩子？你应该在工作之余多陪伴孩子，与孩子一起阅读、运动和外出游玩等，转移孩子对手机的注意力。
3. 孩子是否有很大的学习压力？在日常生活中，多观察孩子，鼓励孩子的点滴进步。

我3岁的孩子不再沉迷电子产品了

卡罗琳娜："阿玛雅，我用了你的方法后，我3岁的双胞胎不再沉迷看电视和玩手机了，他们喜欢到户外玩耍，或者在家做手工……我感到非常满足。"

晚饭后我们不再看电视了

查罗:"我们在晚饭后不看电视已经有一段时间了。现在孩子们喜欢玩玩具枪,我们在一起度过了美好的时光。"

当智能手机"偷走"我与伴侣的沟通时间

在我的生活中,对夫妻关系最大的威胁是智能手机的出现。当我丈夫拿到他的第一部智能手机时,我开始感觉到我们之间的沟通时间急剧缩短。

现在我和丈夫都用智能手机,但我们已经达成不让它妨碍我们关系的共识。晚上,当孩子们已经上床睡觉,我们一起躺在床上时,我们会留出一段时间聊天,不看手机,也不看书。这是我们每天必须做的事情。无论我们的心情如何,我们都决定不错过一天中最重要的沟通时间。

我们每个人都必须找到一些与手机"和平共处"的方法。

章节摘要

- 与孩子共同制定使用电子产品的规则。
- 让家中所有成员都知道规则,并遵守规则。
- 不要将使用电子产品作为奖励或惩罚。
- 提前通知孩子关掉手机,并强调剩余的时间。

第 8 章

家庭作业

不要只关注孩子的学习成绩，
而是问问他学了什么知识，有没有趣，
有没有困难需要你的帮助，
学的知识如何应用在生活中。

做作业时分心

皮拉尔和奎克:"我们有3个孩子,其中2个孩子能自觉完成作业,基本不需要我们帮助,但另外1个孩子恰好相反,他只要坐下来就开小差,或玩游戏或画画,每天都要等到很晚才开始做作业。我们每天都要不停地催促他。请帮帮我们!"

大多数孩子,只要他在学习上没有困难,就能在合理的时间内做完作业。如果你不知道孩子每天应该花多少时间做作业,请主动向老师询问。

如果老师认为孩子能够在半小时内做完作业,那么你应该告诉你的孩子,他只有半小时的时间做作业。请你和孩子一起决定什么时候开始做作业:在晚饭前?还是刚从学校回来?或者在公园里玩一会儿之后?把"作业时间"始终安排在一天中的同一时间。

如果规定完成作业的时间是半小时,就明确告诉孩子。当超过半小时了,把他的作业收起来,即使没做完也不准再做了。最初的几天孩子会抗议，也许他会早点儿起床带着未完成的作业去学校做，但几天后，他会厌倦这种赶作业的方式，因为它占用了休息时间。如果孩子不想受到老师的批评，也不想占用休息时间，他就得学会在规定的时间内完成作业。采用这一方法的大多数家庭都成功地解决了孩子拖延完成作业的问题，所以我建议你尝试这个方法。

如果你担心老师质疑，你可以提前向他说明，向他解释你们正在帮助孩子改掉拖延完成作业的习惯，孩子在适应的过程中，可能会有几天不能按时完成作业。

马尔："每天当我过问儿子的功课或陪他一起学习时，我们都会度过一段非常糟糕的时光。他对学习毫无兴趣。不过他非常聪明，只要稍加努力，就会学得很快，但他不愿意付出努力。"

孩子如果没有学习动力，很难主动学习。大多数人都有类似的经历，如果我们把时间花在不感兴趣的事情上，很可能会感到痛苦和艰难。现在的孩子还遇到一个新困难：生活中充满诱惑。玩手机，打游戏，随着电子产品的普及，孩子的大脑受到不同程度的刺激和引诱，这就是他们很难坐下来专心学习的原因。

此外，学习一般需要安静的环境（孩子必须坐着，而他的身体却想要动来动去）；学习有时还会引发紧张的情绪（父母不能完全理解孩子会受到多大压力）。

🏀 对低年级的孩子，不妨试试寓教于乐，把学习变成一个游戏。你可以让孩子一边跳绳，一边背诵乘法表。你也可以一边问女儿"今天在学校学了什么"，一边和她玩传球游戏。如果孩子喜欢玩篮球，你们可以约定好互相提问，谁答对了问题，谁就可以把球扔进篮筐。

提高孩子做作业的自主性

胡安："我的女儿在家庭作业方面进步了很多！我不用督促她做作业了。我只是告诉她必须在什么时间内完成，她也知道自己要做哪些作业。如果她有问题，就会主动问我。之前我耗费了很多精力督促她做作业，现在我们之间的冲突减少，几乎没有了。"

对学习不感兴趣

> 何塞:"我女儿非常聪明,但她对学习不感兴趣。如果她用功的话,会取得更好的成绩。其实,我们不在意她是否取得优异的成绩,但她必须努力学习。我们该如何激发她的学习兴趣?"

许多父母告诉孩子:我们关心的不是你的学习成绩,而是你是否努力。然而,放学后父母接孩子时,问孩子的第一件事往往是他在考试中取得的分数。==我建议你不要只关注孩子的学习成绩,而是问问他学了什么知识,有没有趣,有没有困难需要你的帮助,学的知识如何应用在生活中。==请你和孩子多展开这方面的交流,让孩子告诉你他学到了什么,收获了什么;但不要让孩子像背课文一样,向你汇报每天新学的知识,而是要激发他分享所学知识的兴趣。你可以就生活中有趣的话题,与孩子一起讨论,而不要只讨论学习的话题,重点是谈话的过程是愉快的,这样在不知不觉间巩固了他们学习的知识。

==另一方面，对孩子感兴趣的事情，请你多培养，不必总是根据孩子在学校里学习的知识来培养他的兴趣。==你的孩子可能对昆虫着迷，在学校里他可能没有研究昆虫的机会，你可以在平时和孩子一起观察昆虫，并到图书馆找相关的书籍给他看……

你喜欢阅读吗？你的孩子看到你读书，还与他分享你在阅读中发现的新知和心得会非常高兴，他也会好奇书里的内容，渴望获得知识，父母就是孩子最好的榜样。如果你的孩子看到你经常用手机看视频，他也会模仿你的行为。

边运动边学习，给孩子适当的休息时间

在华尔道夫学院，孩子们会一边跟着节奏活动身体，一边学习乘法表。比如"2乘以3等于6"，孩子们在说"2"时用双手触摸头部，说"乘以"时触摸臀部，说"3"时触摸大腿，说"等于6"时举起手臂同时跳跃。当加入身体记忆时，大脑记忆会更牢固。

如果你的孩子在做作业时很难保持坐着的姿势，

那就让他先站着完成。你也可以调整孩子的学习节奏，让他适当休息一下，告诉他"写完3页作业，可以投5次球。"根据孩子的适应情况，可以将完成3页变成5页或者10页。适当的休息将帮助孩子更轻松地完成家庭作业，同时也满足了他运动的需要。

我儿子在做作业的时候不停地动

贝戈尼亚："我儿子在做作业时不停地晃动脚。在听阿玛雅的建议之前，我一直告诉他别动，但他还是动。在阿玛雅的指导下，我意识到孩子需要活动，但是不应该在做作业时分心，于是我想了一个办法。在他做作业的时候，我会在桌子旁边放一个球。每过半小时，我会鼓励他站起来，让他踢一会儿球。我让儿子明白他需要活动身体，也告诉他希望帮助他改掉晃动脚的坏习惯。后来他对我说：'妈妈，我想专心做作业，我不想踢球了，我已经改掉坏习惯了。'"我听到后非常高兴。

章节摘要

- 规定做作业的时间。
- 与孩子谈论他感兴趣或你们感兴趣的事情来激发孩子的学习动力。
- 尝试寓教于乐的学习方式,把学习变成一个游戏。
- 父母爱读书,是孩子最好的榜样。
- 边运动边学习,给孩子适当的休息时间。

第 9 章

社交能力与性格培养

你要让孩子意识到,
你想要帮助他解决社交困难,
但不要向他表达担忧,
也不要因为他不会结交朋友就批评他。

你的孩子在家里表现很棒，但在外面却很难与人相处，你会担心他总是退让吗？或者太霸道了？

对于许多人来说，社交能力并不是与生俱来的，与人交往并不容易。好消息是，你可以引导孩子走上正轨，并向他们展示如何以恰当的方式与人相处，避免他们走很多弯路。

在本章节中，你将收到一份社交指南，可以用来培养孩子的社交技能。

总是一个人玩

> 马里奥："我们8岁的女儿常常一个人玩。我们有时问她在课间休息时做了什么,她告诉我们,她喜欢自己一个人玩。我们担心她没有朋友。"

在帮助孩子提升社交能力之前,你要先了解孩子在学校是否过得顺利。她每天高兴吗?即使她总是一个人玩,也能与其他孩子融洽、友好地相处吗?如果你不清楚这些问题的答案,那么你最好问问她的老师。当你了解情况后,如果答案是肯定的,那么结果显而易见:孩子没有社交问题。她只是在生命中的某个时期选择独处,也能够在需要的时候找到同伴。

其实是你自己遇到了困难:作为父母,你对你的女儿有一些期望,并且担心这些期望不能实现。在当今社会,很多人认为,外向的孩子情商高,孩子只有善于交际和沟通,才能在团队中享受到快乐。在我看来,这只是一个文化因素,与孩子的真正需求无关。社会不能只由外向的人组成,它还需要内向的、观察力强和慎思笃行的人。内向的人享受孤独和沉默，我建议你接受孩子享受孤独。根据我的经验，选择独自玩耍的孩子内心世界非常丰富且富有创造力和想象力，他们通常不缺少同伴，他们有很棒的社交天赋！

你要明白，孩子享受孤独不一定是持久不变的，她的幸福感和满足感也不会停留在某个阶段，她将与更多的人来往。有时候，即使她短时间享受孤独，也感到非常幸福。

不会结交朋友

安娜·玛丽亚:"我儿子在学校过得不好。他看上去很孤独。虽然他想和其他孩子一起玩,但不知道是因为不敢还是因为羞涩,他几乎没有什么朋友。"

在这个案例中,孩子并没有享受孤独;他想和其他孩子一起玩,但不知道怎么做。这个孩子需要大人的帮助,首先是老师的帮助。

我建议你尽快和老师谈谈,告诉他孩子的感受,请老师引导孩子结交朋友。有时,老师看不到孩子遇到的社交困难,一旦老师意识到这个问题,他们会在必要时提供有效的帮助,改善孩子的社交状况。

回到家里,你可以鼓励孩子和其他孩子多交谈。你可以告诉他:"我知道你在学校过得很艰难。你可以在课间休息时和小朋友们说说话,问问他们周末做了什么,或者最近读了哪本故事书。"

==重要的是,你要让孩子意识到,你想要帮助他解决社交困难,但不要向他表达担忧,也不要因为他不会结交朋友而批评他。==放学后,问问孩子和小朋友们谈了什么,玩了什么游戏。即使他没有做到,也不要责骂他,不要让他感到挫败。你可以鼓励他:"没关系,明天再试一试,相信同学们会喜欢和你交朋友的。"

在你的推动下,孩子会打破社交障碍,鼓起勇气去结交朋友。

用讲故事的方式,让孩子学会与他人相处

讲故事是你能运用到的最好的方式之一,可以帮助你的孩子改变对他们来说困难的行为。

我的许多学生给他们的孩子讲过一个故事,故事的名字是"我的孩子太棒了"。

从前有一只瓢虫,它住在森林里的一棵大橡树上,它喜欢爬到最高的树枝上,一边望着天空,一边在叶子上荡秋千。可它曾经有几天时间都没能爬上最高的

树枝，因为每当它往上爬的时候，它的朋友总是来找它。"你想和我一起去爬核桃树吗？"蜘蛛问道，"我看到了一个大核桃，我们可以在里面玩。"于是瓢虫和蜘蛛一起去爬核桃树了。当瓢虫回到橡树继续往上爬时，蚂蚁找它帮忙，请它把一些种子带到蚁穴里。"它们太重了，我搬不动。"瓢虫帮助了它。随后瓢虫又遇到了毛毛虫，毛毛虫邀请它去看看树枝上建造的新房子。直到夜幕降临，瓢虫都没能去做自己想做的事。

瓢虫实在太想爬到大橡树最高的树枝上了，终于有一天，它决定不再任由谁来分散它的注意力。当蜘蛛请它一起去爬核桃树时，瓢虫回答："我知道你喜欢去核桃树，我乐于和你一起去，但今天我不能去，因为我有其他计划了。"当蚂蚁请它帮助时，瓢虫说："今天我恐怕帮不了你了，因为我有更重要的事情要做。"当毛毛虫邀请瓢虫去它家时，瓢虫说："你的家很棒，也许我明天可以去拜访。"最终，瓢虫既没有冒犯也没有惹怒朋友们，它又一次爬到大橡树最高的树枝上。

通过这个故事，孩子能够学会如何与同伴沟通和相处。你可以改编这个故事，让它更接近孩子的实际情况，这样更能有效地帮助孩子解决社交困难。

在学校被霸凌

安吉拉:"我发现女儿是学校霸凌的受害者,有一群孩子故意躲着她,不和她玩,在课间休息的时候她都是独自一人。"

学校霸凌是最可怕和最令人担忧的情况。

一旦你的女儿向你透露其他孩子不和她玩,她经常孤零零的一个人时,你应该提醒学校老师注意这个情况。一些父母即使心怀善意,仍希望孩子在被孤立、被霸凌时能够自卫,但现实是,孩子无法独自扭转这种困难的局面。作为父母,我们要对孩子的健康和安全负责,我们有责任保护孩子,不让孩子受到伤害。所以当你得知女儿被霸凌时,要第一时间去和她的老师谈谈。如果过了一段时间霸凌的问题仍然没有解决,请与学校的管理层交涉,必要时与教育部门负责人沟通。如果这时候你让孩子自己解决问题,你还将给孩子增加另一个困难:孩子会对父母的冷漠感到失望至极。

你可以试着教孩子一些社交方法。首先，你要确定孩子适合与哪些同伴一起玩。她能和其他班级的孩子一起玩吗？或是和其他年龄段的孩子玩吗？一旦你确定了孩子的社交圈，鼓励她和其他孩子一起玩，问问她和朋友们玩了什么游戏，这样孩子就更有勇气交朋友。请记住，即使孩子告诉你她现在还是一个人玩，你也不应表现出失望。你的女儿需要你的支持，所以帮助她渡过难关，而不是给她压力，让她的生活更加艰难。你是孩子的盟友，而非她的敌人。

不会拒绝，总是退让

埃斯特凡尼亚："我的女儿总是让着她的妹妹和其他朋友。一开始我们认为这很好，因为她避免了很多冲突，但现在我们希望她学会对别人说'不'。"

有些孩子在与他人相处中总是选择退让，比如哥哥为了避免与弟弟起冲突而让步，要么是出于同情，要么是父母要求他这样做。还有一些孩子只会听从别人的建议，当自己的想法没有被采纳时，他们不会去争取。

退让是一种慷慨的行为，许多父母对此表示赞赏，因为当孩子做出让步，可以避免激烈的冲突。我们会表扬孩子，内心也会感到自豪，"都是我教育得好。"然而，这样的孩子长大后可能会在工作中轻易屈服：本应得到晋升，但他没有为自己争取，只因为我们从小教他退让。

孩子应学会平衡付出和回报，懂得满足他人的期望，也努力实现自己的目标，他们了解自己和他人的需求，不会畏惧表达自己的想法并为之坚持。如果你的孩子能够达到这种平衡，他们肯定会获得健康的社交关系。

以下问题可以帮助你清楚地审视自己：

- 你总是让步吗？
- 你从不退让，但你周围都是追随你并愿意让步的人吗？
- 你在家里会倾听所有人的心声吗？
- 你是否不带攻击性地表达想法、愿望和目标，并和孩子讨论？
- 你会谈论需求和目标，还是保持沉默？

如果你的付出和回报达到了平衡，那么你不必改变对孩子的教养态度。你的孩子也会在潜移默化中学习这种平衡。

如果你总是让步，或者你从不让步，那么我建议你改变和家人的相处方式。通常，不平衡的共存模式会使家人之间产生怨恨，并让你陷入被孤立的家庭关系中。夫妻关系会疏远，双方都会感到受伤：让步的那个人，觉得自己处在一段不公平的关系中，而不让步的人，会觉得自己应该得到更多，内心得不到满足。如果你们无法以平衡的方式相处，可以寻求专业人士的帮助。

==最好的家庭教育，是父母的言传身教，不经意间就给孩子树立了榜样。我们必须教孩子设定界限，学会拒绝。==

我希望，当你看到女儿正打算屈服于人的时候，及时进行干预，对她说："这件事你做得对，你可以说不行。如果你妹妹生气，我会处理的。"你也可以找机会和女儿谈谈，对她说："当你和妹妹一起玩的时候，你总是按照她的要求去做。我希望你从现在开始学会表达自己的想法，拒绝妹妹不合理的要求。"

有时我们会命令孩子，他必须做什么（或不能做什么），但我们不会解释原因。这对孩子没有帮助。你的任务是教他如何表达自己的想法，给他非常明确的指导方法。

🏀 你可以和女儿一起重现困境，这种策略对大孩子非常有效。首先，你扮演她的朋友，她做她自己，然后你把角色交换过来。鼓励女儿表达内心的想法，说得越多越好。即使她编造了从未发生过的情景，也不要发表任何评论。

🏀 你可以让她每天尝试一些小挑战，比如主动和朋友说话、玩游戏，上课主动发言等。培养孩子的社交能力是一个长期且持续的过程。通过社交技能的训练，我们可以帮助孩子建立良好的人际关系，增强他们的自信心和社会适应能力。

父母是孩子的人生教练

当孩子表现得不如父母期望的那样，或者当他做错什么事时，经常会听到这样的话："不要这么做！""你是怎么想的？""你是很笨吗？""再也不要这样做了！"如果我的孩子表现得不如我的期望，我会告诉他："完成一件事情有很多种方法，你还可以换一种方法做得更好。"教育的重点在于，在合适的时机与孩子建立良好的沟通和互动，给予孩子合理的建议和指导。

如果我是一名网球运动员，我的教练对我说："你打得很糟糕。别再这样练习了！"我会失去信心。一个好的教练会告诉我如何做得更好，他会指导我：如何抓住球拍，把球扔到多高，身体如何活动等。

父母是孩子的人生教练，孩子也需要我们的耐心指导。不要只说"不要打你的兄弟"，而是要教他面对兄弟攻击时如何应对。不要只说"不要乱写乱画"，而是给他涂写绘画提供多一种选择，比如买一块画板。

不要只说"不要用这种语气回答我",而是教他了解自己的情绪,正确表达自己的不适和愤怒。不要只说"不要这么邋遢",而是要教他如何收拾整理。

成为孩子的人生教练而不是"指挥官",仅仅告诉他不应该做哪些事情是不够的。请认真看待孩子的存在,理解他们的心理需求,肯定他们的进步,鼓励孩子勇敢前行,迈向成长的每一步。

不会认输

> 埃琳娜和维尔:"我们的儿子不肯认输。每天我们一起踢足球,如果他没赢,就会发脾气。但我们不让他总赢,因为我们希望他学会认输,有勇气面对失败和挫折。"

许多孩子不愿意认输,许多成年人也是如此。工作中一直得不到晋升,让我们很抓狂;兄弟赚得钱比我们多,让我们很气恼;好朋友的孩子成绩更优异,让我们感到丢了脸面。我们想成为最优秀的人,我们的孩子也是。因此,"不认输"是一种非常人性化的态度,非常容易理解。

经历挫折是在所难免的,失败是生活的一部分,所以孩子要学会应对打击,活得更轻松。学会认输,坦然自若地面对失败。当孩子因为输了而生气时,他并没有做错什么:他只是在表达没有实现目标而产生的挫败感。

在帮助孩子学会认输之前,我希望你先看向自己:在你的日常生活中,你是否总想在竞争中获胜?一意孤行地做所有决定，或者否定所有？还是你愿意接受他人的意见，总是说"你是对的，我错了"或"我按照你的建议去做"？请你先审视自己的行为，因为孩子是父母的影子，他会模仿你的一举一动。

此外，你要避免加剧竞争。如果你的孩子还不能忍受每次失败后的沮丧，我建议你不要把日常活动变成孩子们之间的竞争。

你总是鼓励孩子把一切都做到完美吗？当他成绩不好，或犯了错误时，你会责骂他吗？如果是这样，你就在要求孩子永远都不能失败，你在强化孩子总想获胜的欲望。孩子当然会犯错，帮助他从错误中吸取教训。引导孩子意识到有时事情会变好，有时会变糟糕，尽力做好每件事就可以了。父母的耐心教导，包容和理解，是给孩子的最好的礼物，能让他学会在不完美中接纳自己。

如何教孩子学会认输？我建议你和孩子谈谈他遇到的困难。你可以对他说："我知道认输对你来说很难。我进球了，你就会生气。如果你做好了输球的准备，我们再一起踢球。"

每次踢球前问问孩子，是否做好了输球的准备。他很可能会告诉你准备好了，但看到你获胜时，他还是会生气。这时请你不要对他感到失望！因为坦然接受失败并不容易，而批评只会增加他的困难。与其责备，不如对他说："你以为可以承受失败，但还是有些难度的。没关系，你只是需要一点时间，我相信你能学会坦然地接受失败。"

当你告诉孩子"他最终将学会接受失败"时，你是在暗示发生在他身上的事情是暂时的，只是成长过程中的一部分。你正在为他描绘一个充满希望的未来，他现在遇到的困难终将会消失。

🏀 对于许多孩子来说，想要学会接受失败，父母是最好的引导人，因为父母能给孩子带来安全感。你可以训练孩子承受失败：在日历上标记每天的比赛轮到谁获胜；可以是每天，也可以是每两天轮流获胜。当轮到你赢的时候，不要表现得过于得意。但是，当轮到你输的时候，你可以说："我也想要赢，但今天我输了，你看我有表现得很难过吗？"

🏀 训练孩子接受失败的方法，对所有孩子都有效。正如我在前文中传授的方法，你可以用洋娃娃举例，说明孩子遇到的困难。

🏀 当你确保教了孩子面对挫折的方法之后，你还可以和他一起进行情景演练,你可以扮演孩子输了,用语言表达出他内心的想法:"我很难过,因为我输了,我的痛苦变成了愤怒。我能做什么消除痛苦?"

你也可以给孩子建议:去跑步吧;去听听老师的建议,把想法写在纸上……所有的想法都是值得尝试的,无论它们是否合理。重要的是,你要让孩子明白,你理解和重视他的感受,他可以表达痛苦,还可以让痛苦尽快消失。

用洋娃娃举例表演,教孩子社交技巧

大多数成年人能够从客观的角度看待事情,做出合理的解释。我们相信,只要我们向孩子好好解释,孩子就能明白如何正确做事。然而,现实告诉我们,情况并非如此。即使孩子明白了道理,他也无法采取行动,很多时候是因为我们的解释一直停留在理论上,孩子没有学以致用。

用洋娃娃举例表演是一种效果非常好的方法。请你挑选两个娃娃，让它们充当主角，还原孩子在经历社交困难时的消极表现，然后再让它们表演出积极的做法，以及你希望孩子做出的反应。试着让孩子参与进来，并告诉你娃娃应当说什么。如果孩子自己找到了解决方法，更容易解决现实生活中的社交困难。

孩子输了就会抓狂

玛丽安娜："他总是和他的双胞胎兄弟竞争，当他输了，就会变得抓狂。阿玛雅告诉我，每当他输给兄弟，可以和我进行一场比赛，看看能否击败我。他喜欢和我比赛，虽然他仍然不情愿输给兄弟，但他已经不再感觉那么难受了。"

不愿分享

> 艾西波尔："我的大儿子不愿意分享玩具，想把所有的玩具都据为己有。我告诉他应该分享，但他拒绝了，还发脾气，大哭，乱踢……我该如何教他学会分享？"

我想告诉你，孩子不愿意分享玩具没什么大不了的。成年人执着于孩子必须懂得分享，是因为担心其他人的看法。他们会认为我是一个糟糕的家长，他们会认为我的儿子不懂事，我没有好好教育他。我们因为孩子不懂分享而感到焦虑，因为孩子与他人之间的疏离感而感到难过。

请改变你对孩子的高期待，不要强迫他太早学会分享。对于年龄小的孩子来说，不愿分享是"天性"。父母要逐渐地培养孩子的分享意识。即使你的孩子现在不会分享，也不能断定他将来会成为一个自私的人。

如果你想让孩子成为一个慷慨的人，强迫他分享可能会产生相反的效果：强迫孩子在没有准备好的时候放弃自己的东西,他会变得更具占有欲。我的建议是,当孩子决定他手中的玩具只属于他自己时,你要尊重他的决定。

不要说"从不"和"总是"

父母的语言,影响孩子的未来。在我家里,有两个词禁止说:"从不"和"总是"。如果我的孩子会说:"我总是画不好",我会回答:"总是?你的意思是画得不如想象的好吧?在我们家里,我们不用'总是'这个词。我能做点什么来帮助你吗?"

同样,父母也不要认为你的孩子"从不"分享(或做其他事情)。你要知道,让孩子现在就学会分享是有困难的,没关系,慢慢来。当分享对孩子来说很困难时,你可以引入一个暂时的条件,比如"最近""这些天""现在""今天"等。通过这种方式,孩子会意识到,明天,或者是再晚一点,事情就会有所不同,他们现在所面对的困难将不复存在。

不让家长和别人说话

> 凯撒:"当我在学校和其他孩子的父亲说话时,我2岁的孩子会来捂住我的嘴。我向他解释说,爸爸有事要谈,但他还是一样,继续捂住我的嘴。其他孩子就没有这样的情况。我该怎么办呢?"

有时,拿自己家孩子和其他孩子比较是没有用的。重要的是,你的孩子也是独一无二的。孩子需要明白父亲可以与其他人交谈,但对年龄较小的孩子来说并不容易。

🏀 在这种情况下用讲故事的方法效果很好。你可以和孩子一起画一个故事,说明将要发生的事情:父亲在学校门口接孩子放学,孩子高兴地讲述着什么,然后父亲开始和其他孩子的父亲聊天。在一页上画出所有情景。最好让创造故事的过程成为你们之间的互动时刻。画出你与另一位父亲聊天时的真实情况:你的儿子不高兴,他捂住你的嘴,你也不高兴。在下一页中，画出理想的情况：你和儿子笑着，他能够接受你和别人说话。

在他每天上学前，你都讲这个故事给他听。也许到目前为止，讲故事的方法还没有奏效，但你已经和孩子建立联系，可以在潜移默化下对孩子的行为产生积极的影响。

除了画画和讲故事的方法外，你还可以在接他放学的时候，和他单独待一会儿，之后，对他说："我知道你想回家，但我还要和朋友聊几句，你可以等我一会儿吗？"当你说"等我一会儿"时，可以用两个食指的距离来表示时间：两个食指贴在一起表示时间很短，分开表示时间很长，并通过缩短时间来适应他的需求。这样，你就让孩子看到了你的理解和支持。

不想和其他人亲近

贝娅:"我不知道为什么,女儿不愿意亲吻外婆。我当然不想让我妈妈难过或认为孩子不爱她。而且,我妈妈经常来我家。有时我会告诉女儿,如果她亲吻外婆,我会给她一块糖果,但我不能每次都这样。"

我给你的建议是:如果你的女儿不想亲吻外婆,那么请尊重她。孩子是自己身体的主人,她可以决定做什么:亲吻、拥抱或抚摸。我们不能强迫孩子和不想与之有身体接触的人接触。

我希望每次你的女儿不想亲吻别人时,你都能支持她的决定,并对她说:"你可以自己选择喜欢的人。"永远不要以不愿意亲吻别人来批评她。这是她的决定,是值得你尊重的。

我希望你不要以任何方式威胁孩子、批评孩子,也不要给她奖励以换取一个吻。如果你奖励她,你是在教她与成年人进行身体接触以换取奖励是正常的。同样你也在教她,必须满足成年人的愿望,而不是自己的愿望。

当然,你可能会遇到一个问题:外婆会难过。你可以这样安慰她:"妈妈,我知道你想让孩子亲吻你,但她不想,我们应该尊重她。我知道你很难过,不过你可以通过其他方式来和孩子亲近。"

事实上,我希望你能考虑得更深入。如果你觉得将受到母亲的指责,我请你采取明智的行动:重申你正在尊重孩子的决定,你的任务是让孩子对自己的身体和情感有主见。别忘了外婆是成年人,当她的外孙女不想亲吻她时,她能够控制和调整情绪。

害羞或尴尬

格莉:"我的孩子很乖,她在学校表现很好,但老师说她从不举手回答问题。她也不敢和其他孩子一起玩,或者告诉冰淇淋店的售货员她想要的味道。她似乎什么都不敢做。我们都是外向的人,不明白为什么她会这样。她这样好吗?我们不知道如何鼓励她。"

在我的女儿7岁时,她的老师告诉我,她在课堂上不活跃。之后,我每天都会问她是否在学校举手发言,希望她每天至少举手发言两次。每次我接她放学,都是先和她拥抱、聊天,然后再温柔地问她今天是否举手发言了。我不期望女儿能立刻改变,每次只是轻松地问她,以表示我的支持和关注。渐渐地,女儿开始举手发言,一天一次,有时两次。两周后,我不再问她,因为我意识到女儿已经养成了主动发言的习惯。

🏀 你可以为女儿每天安排一场挑战游戏，可以称为"战胜害羞"，让她完成一些平时觉得很困难的事情：自己买喜欢的冰淇淋或面包、主动向邻居问好、和其他孩子一起玩。做一个日历，记录她每天完成的情况。例如，画一幅画，画里的女孩手里拿着面包，开心地品尝着。

绘画记录的过程要在轻松愉悦的氛围中进行。记住，孩子没有做错什么，她只是有点害羞，你正在帮助她克服困难。每当她成功完成挑战时，你都要祝贺她"战胜了害羞"。

即使她做不到，也没关系，继续鼓励她不断尝试。这个过程可能是漫长而艰难的，因为孩子会感到能力不足，认为胆小怯弱的性格无法应对社交困难。==请你多给孩子一些时间，并表示永远支持他们，不要让你的期望成为孩子压力的来源，因为这将使孩子更难放手去尝试。压力很难促进孩子进步，而陪伴和支持可以助力孩子飞跃成长。==

女儿可以举手发言了

劳拉："我的女儿在学校非常害羞，她不举手回答老师的问题。我向阿玛雅寻求帮助，她告诉我，我需要以温和的方式来鼓励女儿，让她学会参与学校的活动。我告诉女儿，每天放学后，我都会问她是否举手发言了。几周以后，孩子就养成了举手发言的习惯，参与到课堂互动中。"

女儿主动向邻居问好

埃斯特凡尼亚："阿玛雅，我很高兴，因为今天我女儿向邻居挥手问好了。之前我们见到邻居的时候，她总是躲在我身后。按照你的建议，我鼓励她大声地向邻居问好，帮她找到自信。她做到了！她战胜了害羞！"

专横

> 桑德拉和尼科："我们在观察女儿和朋友的相处时发现，她表现得很专横，总是喜欢指挥别人。就算我们告诉她这样不对，她还是会继续。我们不知道该如何教她。"

我经常听到家长这样的抱怨，而解决方案很简单：继续让她的社交"随心所欲"。如果她身边有很多朋友，她很受欢迎，那就说明她懂得如何与朋友相处。

如果你希望培养一个温文尔雅的女儿，而她却是一个充满活力、自信、有主见的人，只能说明她的行为与你的期望相冲突，你应当学会珍惜她所拥有的一切。

请你设想这样的性格在将来能为她带来什么好处。我教育学生们要有领导力和自信，这不仅适用于家庭生活，也适用于学习、工作等各个领域。但是，如果她因为不被服从或者没有朋友而沮丧，你需要帮助她成为一个好的"领导者"，学会谈判和让步。最重要的是，让她明白，即使她的想法没有被朋友接受,也不意味着她被完全否定了。

🏀 当孩子的想法没有被朋友接受时,你可以这样安慰她:"小朋友们确实想和你一起玩,因为他们是你的朋友。他们只是不想玩你提议的游戏,你可以听听他们喜欢玩什么游戏,和他们一起商量。"你也可以说:"这次你们换个游戏玩,下一次再玩你提议的游戏,好吗?"

如何评价你的孩子?

聪明的父母,懂得顺应孩子的天性,适时引导孩子的行为,这也是你能给孩子最好的礼物之一。如果你能够尊重孩子的天性,同时帮助孩子客观评价自身价值,孩子长大后就能成为他自己。不要总是关注孩子的缺点,随意对他做出消极的评价。

请站在孩子的角度来思考。比如,你是乐观的人,而孩子却谨小慎微。请你换一个角度,想想孩子的优点:他非常敏锐,谨慎对待遇到的问题,这样就不会造成较大的错误。也许你喜欢运动,而你的孩子更喜欢安静地阅读。你可以换一个角度,想想孩子热爱阅读,富有想象力,内心世界很丰富,将来能成为知识渊博的人,这是一件多么让人自豪的事情!

放弃你的高期望和高标准来审视孩子,而要顺应孩子的天性来观察他。

第9章 社交能力与性格培养

总是给家长下命令

查罗:"我的女儿给我下命令。更糟糕的是,她性格还很倔强,如果不顺着她,她会非常生气。我知道,凡事顺从孩子的要求是错误的教育方式,但我不知道如何改变。"

造成这个问题的原因是父母经常不经意地选择退让。也许是为了避免冲突,也许是为了取悦孩子,也许是为了让家庭氛围更和谐。无论出于什么原因,我建议你不要纵容孩子不合理的要求。

❋ 孩子没有足够的能力去完成每件事务,比如制订计划、遵循时间表、三餐吃什么、与谁交往、界限有哪些……这不是孩子的责任,但你是孩子成长中的引领者,孩子需要你帮助他在成长的道路上前进。

❋ 当你开始拒绝孩子不合理的要求时,她可能会表现出反抗。毕竟，你拒绝了以前允许她做的事情。别担心冲突，请你温和而坚定地拒绝孩子不合理的要求，并耐心地告诉她理由。很快，你们就会调整到更和谐的状态。

🏀 当女儿向你提出要求时，比如，她在晚饭前想要吃零食，你可以用"可以"代替"不行"，对她说："你可以先吃点水果开开胃，等晚饭后再吃零食！"委婉地拒绝孩子的要求，孩子也更容易接受。

坚定而不是强硬

我的学生们问我，教养孩子的态度应该是坚定还是强硬？很多时候答案就在你的意图中：你想让孩子感到自卑和胆怯吗？你想让他知道你是强大和有力量的，他不能反抗你做任何事吗？你觉得他是对手吗？你想羞辱他，让他感到脆弱吗？你想让他感受到你巨大的能力和权威吗？你内心时常感到愤怒吗？如果你对这些问题做出肯定的回答，那你的教养态度就是强硬的。

另一种判断方法就是看你的语言、面部表情和动作。你的眼神透露出严厉吗？你会用手指着孩子吗？你对他大喊大叫了吗？如果你对这些问题的回答是肯定的，那你的教养态度就是强硬的。

想把孩子教育好，父母要做到"温和而坚定"。坚定意味着说话有把握，没有攻击性，展现出自信而不是胜负欲。教育孩子，不是你和孩子展开斗争，而是你们组成了一个联盟，共同面对生活中的各种挑战。

合理地制定规则、做出决定，需要有坚定的态度，能让孩子明白：他应该去做什么。只有坚定的教养态度，才能让孩子领悟什么是界限。爱孩子，不要以任何方式伤害他，你的目标是帮助他以更好的方式成长。

说脏话

玛尔塔:"我受不了孩子们说脏话。即使我告诉他们不要说,但他们还是说。"

如果你生活在西班牙,根据我的经验,你的孩子很难从他们的字典中删除所有难听的词语。因为成年人经常使用它们,孩子们在家里以及街上争执吵架的人们那里都能听到它们,会让孩子们误以为讲粗俗的语言是正常的行为,并模仿这种行为。

当听到孩子说脏话的时候,父母应该及时采取适当的措施。首先,你必须根据你的家庭价值观设定界限。你有必要告诉孩子,你不能容忍他说粗俗的语言。同时,追查孩子说脏话的原因。是父母不好的口头禅?还是和其他朋友玩耍时,他们有类似的不良行为?如果孩子交到这样的朋友,让他减少和这些朋友接触。

还有不少孩子说脏话是为了引起父母的注意。每当孩子说脏话的时候，父母会立即责骂孩子，父母的回应不但不能见效，反而适得其反，孩子会变本加厉。面对这种情况，父母要做的是"冷处理"，保持冷静和理性是至关重要的。一旦孩子发现无人回应，自然就不会再说了。

🏀 孩子说脏话，和父母有很大的关系，在纠正孩子说脏话的时候，一定要以身作则地引导，而不是立刻进行指责。

约束孩子的不良行为

如果孩子在家里说脏话，父母应该多提醒孩子：注意文明用语。提醒就像按下了一个关闭的开关，它给孩子传递一个信息，什么话可以说，什么话不能说。

总是大喊大叫

> 安娜·玛丽亚:"我儿子总是大喊大叫,无论是高兴的时候,还是生气的时候。他让我感到很紧张!我整天告诉他说话小点声,但似乎没有用。我该怎么办?"

当孩子大喊大叫时,我们成年人就会抓狂。孩子喊叫的声音非常尖锐,让我们的耳朵不堪其扰,心情也难免烦躁。面对这种像被袭击一样的困扰,我们该怎么办?我们有时对孩子高声呵斥:"小点声,我已经告诉你一千次了!"这样的反应会给孩子造成压力,他也很难学会调整自己的音量。

孩子大喊大叫,也许只是无法控制他的音量,或者你在家里说话也很大声,或者他可能听力有问题,如果你心存疑问,那么带他去看看医生。

很多时候,孩子们大声说话,是因为他们想要自己的声音被听到。当兄弟姐妹在争着说话时,父母听不清楚孩子们说话；当我们在家里大喊大叫而不是平和交谈时……孩子自然会使用最直接的方法来有效地表达自己：大声说话，他们就能听见我的声音了。

当你的孩子大声说话时，如果父母只是指责孩子，对他毫无帮助。我们应该以温和、理性的方式和孩子沟通，告诉他如何改进，比如教孩子以积极的方式发泄心中的不快，或者让孩子做手工、画画、读书等，让他安静下来。

🏀 当你的孩子大声说话时，你可以幽默地对他说："把音量关小一点的按钮在哪里？让我找找看。"然后你在他的身上寻找，而不是直接告诉他说话的声音太大。这个方法效果很好！如果你的孩子年龄大了，你只需要告诉他："降低音量，慢慢说。"

🏀 你可以教孩子调整他的音量，告诉他："你调整好在家说话的音量了吗？"当你们走在人潮汹涌的街头时，你可以说："现在，我们可以大点声说话。"

用特定的词语或动作，帮助孩子改正错误的行为

我们经常指责孩子，"你吃饭时吧唧嘴""说话声太大了"，甚至每天批评他好几次。对于一个孩子来说，如果这些是他自发的举动，而不是故意为之，那么接受批评是多么困难的事情，他一定感觉很糟糕。

父母应该采用温柔的教养方式，比如用一个词语或动作来帮助孩子改正错误的行为。

你可以与孩子商定一个词语或动作，每当孩子做出错误的行为时，你就会用到这个特定的词语或动作。在我家里，当孩子吃饭吧唧嘴时，我们就会拍手两次，这时孩子就会纠正自己的行为。重要的是，你和孩子都知道特定词语或动作代表着什么。这是一个有效的方法，它避免了指责和批评。

当成年人大声说话时,孩子也会模仿

卢尔德:"我的父母听力不好,和他们在一起的时候,我会大声说话,以便他们能听到我的声音,甚至在我父母不在的时候,我也会大声说话。我的孩子也会大喊大叫,习惯于和爷爷奶奶在一起时提高自己的音量。我温和地告诉他,和我在一起时可以用正常音量说话。他学会了根据场合调整说话的音量。真是太好了。"

章节摘要

- 审视你对孩子的期望：你对孩子的期望是否过高，让孩子感到压力和焦虑？

- 如果孩子不擅长社交，不要生气，帮他打破社交障碍。

- 教孩子社交技巧：用讲故事、洋娃娃举例表演等方法，帮助孩子解决现实生活中的社交困难。

- 温柔的教养方式：用特定的词语或动作，帮助孩子改正错误的行为。

第10章

关于吃饭

吃饭是分享和联系的时刻。
你要有意识地下决心,
从今天起,你们在餐桌旁聚在一起
是为了加强你们之间的联系。

父母爱子女是人的天性，父母都希望孩子吃得好、吃得健康。每当我女儿没有吃完盘子里的食物，或者每当她说不饿，不想吃饭时，我的大脑就会发出警报。

客观地讲，我们知道，如今在我们身处的环境中，大多数孩子不会挨饿。

如果你的孩子不想吃饭，而是正在吃自己需要的东西。医生告诉你孩子很健康，你也看到他快乐而充满活力，没有其他方面的问题，那么孩子偶尔食欲不振就不是大问题。

不愿尝试新的食物

> 佩德罗:"我的小儿子喜欢吃的东西很少,也拒绝尝试任何新的食物。"

孩子不喜欢新口味,也许是觉得新口味太刺激,或者他并没有准备好去尝试。也许以他现在的年龄,他只能接受几种味道,但随着他的成长,他会接受新的味道。不要过于担心,尤其是不要为此产生冲突。

重要的是,餐桌上要有健康的食物,每天都给孩子准备一些惯常吃的。即使他不想吃蔬菜,也没有关系,但你要教他每天吃蔬菜是很自然的事情。你负责做饭,并在桌子上摆好食物,而你的孩子选择他们想吃的东西。我相信,随着时间的推移,孩子的口味会改变,他们将越来越适应尝试新的食物。

✳ 你可以把花椰菜或其他蔬菜蒸熟给孩子吃。你可以对孩子这样说:"我知道你不喜欢吃花椰菜,不过它可能会在你的肚子里发生神奇的变化,非常有趣!"。如果他吃了,你要表现得特别惊讶。每当他把一块蔬菜放进嘴里,你都要表情夸张一点。这个方法对孩子吃蔬菜起了很大的作用。

🏀 你试过让孩子和你一起做饭吗?从孩子4岁起,你就可以让孩子和你一起做饭。你可以在平底锅里放几滴油,再放几片西葫芦。让孩子站在小椅子上,用铲子把蔬菜翻个面,注意孩子要和你在一起,小心不要烫伤,不要把锅烧煳。当孩子开始做饭,就会鼓起勇气去尝试各种食物。

每隔几个小时给孩子吃生的蔬菜

我儿子1岁半时,突然不爱吃蔬菜了,他觉得很难吃。尽管我和丈夫想尽办法把蔬菜隐藏在其他食物里,但都不起作用。当他2岁时,除了香蕉,他不吃其他水果,就这样他吃了一整年的香蕉。后来,我们尝试给他一些生的蔬菜,西红柿、黄瓜……有时候每隔几个小时就拿给他吃,他很喜欢吃。

我辅导的许多家庭已经开始每隔几小时给孩子吃生的蔬菜,孩子们也逐渐接受了。你也可以试试,或许会有用。

连 5 分钟都坐不住

> 玛丽亚:"我们能做些什么让孩子安稳地吃饭?他连 5 分钟都坐不住,我们希望他能坚持半小时。"

请你改变你的期望。如果你的孩子连 5 分钟都坐不住,就不要指望他能坚持半小时。把你的期望改为 10 分钟或 15 分钟,随着年龄的增长,孩子安稳的时间会越来越长。

普通的高脚餐椅对孩子来说并不舒服,如果能坐在适合他们身材的椅子上,他们坚持的时间会更长。我的一些学生给孩子专门买了儿童餐桌,他们的孩子在那上面吃饭,就更舒服了。如果没有儿童餐桌,可以用成人的椅子代替,上面放一块桌布,然后让孩子坐在小椅子上用餐。

❋ 在孩子进餐时,你可以播放一些轻松愉快的音乐或有趣的儿歌,营造一个愉快和谐的用餐氛围。

吃饭拖拉

> 罗莎和阿尔贝托:"我们的孩子吃饭需要很长时间,有时长达一个半小时。"

你的孩子吃饭花很长时间,是因为你强迫他吃完盘子里的所有食物吗?儿科医生不建议这样做,我也不赞同。你怎么知道孩子的身体需要多少食物?况且孩子的身体需求与你的不同。在我家里,我经常说这句话:"倾听孩子身体的声音",他们不饿或者已经吃饱了,就可以不吃。身体会表达它的需求。当然,任何食物都不能被浪费。

你可以先问问孩子他们需要的食物量,或者让他们自己盛饭菜,告诉他们先少盛一些。如果他们没有吃饱,可以再盛。

不要强迫孩子吃不喜欢的东西。至少确保你提供的一种食物对孩子来说是美味的。如果你准备的所有食物都是健康的,那么孩子就会逐渐喜欢上健康的食物。

如果你没有强迫孩子吃完你为他准备的所有食物，但他吃饭仍然需要很长时间，我的建议是，规定吃饭所需的时间，可以是 30 分钟或 40 分钟。如果孩子的年龄很小，你可以买一个沙漏，帮他计时。时间一过，如果孩子想继续吃，就再给他 5 分钟；如果他不想吃了，也不要勉强他吃完。

吃饭时真正重要的是什么？

一家人围坐在餐桌旁，品尝着或简单或丰盛的饭菜，分享着彼此的趣事和见闻，这一刻传递出深深的爱与关怀，是家人们最踏实、最幸福的时刻，也是家庭最美好的样子。这样的氛围，既暖了孩子的胃，又暖了孩子的心，孩子得到食物和爱的滋养，会身心健康地成长。

吃得太少

玛丽·卢兹："我们的用餐时间糟透了，因为我女儿不想吃东西，她吃每一口饭都很费劲。有好几天她一整天都不想吃东西。如果我们放任不管，她就什么都不吃。"

我建议你尊重女儿。孩子所需的食物量是不同的。有的孩子吃几口饭就饱了，还有的孩子需要吃一大碗饭菜才饱。如果孩子身体健康，精力充沛，儿科医生也告诉你不必担心的话，那么想吃什么和吃多少就让孩子自己决定。当她的身体需要食物时，她自然会找吃的，她会在需要的时候吃东西。

不要让她察觉出你为此痛苦、担忧或愤怒。不要为了让你的孩子多吃点就与她发生争执，也不要让吃饭成为你们之间的冲突来源。我建议你在吃饭时尽量不要这样说："快来，再吃一勺，我就给你吃点心。""你还剩两口饭。来吧，把它们吃完。"

你的女儿不吃东西，因为她不喜欢，或者是她已经饱了（有些孩子很快就会吃饱）。你的女儿不是故意不吃饭，也不是故意很快就吃饱。她只是遵从了自己身体的感受。如果这是让你生气并批评她的原因，那么因此发生的冲突将会影响到许多其他的事情，所以不如尊重她的需要，并将食物变成一个联结的时刻，比如与孩子分享有关营养的知识，讨论各种营养素（如蛋白质、维生素和矿物质）的作用，解释各种食物对身体的重要性，等等。

孩子也会在吃饭时表达出自己的情绪。如果你没有在第一时间察觉到孩子的异样情绪，仍强迫他吃什么或吃多少食物，就会发生冲突，孩子需要释放你施加给他的压力。他会反抗，表现上就是不吃东西，这又会引起你的愤怒。这种情况该怎么办呢？

首先，你要找出孩子不良情绪的来源。他平时不会这样，是学校里发生什么事了吗？我们的不适经常通过食物来表达，因为在不知不觉中，我们在食物中投射了许多情感上的困难。这就是为什么要查明孩子不良情绪的来源。一旦你找到原因，你就可以帮助孩子克服困难。有些食物可以改善孩子的情绪，缓解他的压力，比如花椰菜、西红柿、土豆、全麦面包等。你需要为孩子提供这样的食物。

如果你女儿已经把她的情绪投射到食物上，不吃你准备给她吃的东西，不要生气，更不要发生冲突，不要强迫她必须吃完食物。

请记住，吃饭是分享和联系的时刻。你要有意识地下决心，从今天起，你们在餐桌旁聚在一起是为了加强你们之间的联系。孩子们吃了多少食物不要紧，重要的是你的孩子很健康，因为他比你更了解自己需要吃多少食物。

吃得少也没关系

有科学家告诉我们，吃得少的人寿命更长。在我家里，我从不鼓励孩子多吃东西，如果我看到他们吃得太多或太快，就会提醒他们。我惊讶地看到有些在减肥的父母坚持让他们的孩子吃很多食物，当孩子似乎已经吃饱时，还让他把盘子里的食物都吃光。在不知不觉中，这些父母正在使他们的孩子也逐渐走上减肥的路。如果你想培养孩子健康的饮食习惯，不要让他吃的比身体需要的多。否则，未来可能会导致孩子的饮食失调，包括贪食症、厌食症、肥胖和超重等。

偷吃食物

> 罗莎·玛丽亚："我规定女儿只能在周末吃甜食，她一直遵守这个规定。但近一段时间，我发现她在偷吃巧克力。"

不要在家里存放糖果，以免你的孩子在你不注意的时候偷吃。如果你只允许她在周末吃糖果，我建议你在周末买。同样的，果汁、含糖饮料、零食等容易让人上瘾的食物，也少吃为好。

对于孩子来说，糖果是一种诱惑，一个美味的享受，孩子很难抵挡住这种诱惑。但过多摄入糖分，会带来健康问题。所以首先要让孩子明白过量摄入糖分的危害，然后适量放宽对糖的限制，让孩子在合理范围内享受糖的乐趣。也可以选择健康的糖果替代品，比如水果或低糖零食等。

把巧克力藏起来

保拉:"在大学期间,我承受着很大的学习压力和考试压力,能够在 5 分钟内吃完两板巧克力。吃完两板巧克力后,我又因为巧克力的高热量而感觉很糟糕。所以我不再买巧克力了。没想到我的孩子们也会有这么一天!我希望他们能控制住自己。从现在起,我将不再为他们买巧克力,要帮助他们以其他方式缓解学习压力。"

健康饮食从购物清单开始

如果你倾向于到超市购买不健康的食物,那么提前列出购物清单并按清单购买或许对你会有帮助。要确保清单上是健康的食物。如果你仍然很难做到,试试限制购买的时间和次数,以便减少冲动购物的机会。

吃得太多

玛加:"我女儿的问题恰恰相反,她吃得太多了。"

当孩子吃得太多时,父母首先要思考,孩子是否因焦虑而暴饮暴食?她在学校一切都好吗?你们的家庭气氛好吗?她有压力吗?你们和她沟通顺畅吗?她每天有放松的时间吗?她是一个幸福快乐的女孩吗?对自己的生活感到满意吗?你现在的首要任务是看看她是否遇到了困难,帮助她找到内心的平衡,从根本上解决问题。如果孩子感到焦虑,那么她暴饮暴食就是一种疾病症状,她需要你的理解和帮助。

如果你的女儿每天都过得不快乐、焦虑,那么你需要考虑改变家庭饮食习惯。首先,尽可能地减少含糖的食物,因为它们会上瘾;少吃不健康的零食,这些零食可能含有人工色素等添加剂,会刺激大脑神经,影响孩子身心健康。你可以用水果、坚果、生食蔬菜、自制爆米花，或其他你认为健康且不会上瘾的食物充当零食。还得注意，不要提供太多的食物，也不要强迫孩子必须吃完。

此外，你还可以制定进餐时间表，包括早午餐和下午的甜点时间，让孩子养成规律进食的习惯。

你需要告诉孩子哪些是健康有益的食物。向他们解释，吃得好对保持健康非常重要。

章节摘要

- 吃饭是分享和联系的时刻。

- 如果你的孩子坐不住,一张儿童餐桌可以帮助他。

- 如果孩子吃饭需要很长时间,不要强迫他吃不想吃的东西,并规定好吃饭所需的时长。

- 你可以制定进餐时间表,包括早午餐和下午的甜点时间,让孩子养成规律进食的习惯。

- 在用餐时创造愉悦的气氛。

- 不要强迫孩子吃完盘子里的所有食物。

- 提供健康的食物,让孩子自己选择吃什么和吃多少。

- 不要自寻烦恼:如果儿科医生说孩子很健康,那么他吃得少也没关系!

- 发现并解决孩子投射在食物中的情感障碍。

第11章

关于玩耍

孩子并没有做错什么,
他们只是在玩耍,
毕竟玩耍是他们的主要活动。

孩子在玩耍时，往往会给家里制造混乱：他们把家里的墙壁涂花，把浴室弄得到处是水，把客厅的地毯踩脏……家里一片狼藉！

==事实上，孩子并没有做错什么，他们只是在玩耍，毕竟玩耍是他们的主要活动。==要知道，玩耍才是孩子最好的学习方式，不仅激发学习动力，培养好奇心和创造力，孩子的各项能力也在玩耍中得到发展。

我希望你能深刻领悟这句话，并且永远不要忘记"孩子并没有做错什么，他们只是在玩耍，毕竟玩耍是他们的主要活动"。

父母如何正确看待孩子玩耍呢？

把家里搞得一团糟

玛丽娜:"我的孩子在客厅里玩,地毯上弄得乱七八糟。我骂了他,不准他这么做,但他不听。他还躲在晾床单的地方玩,我命令他离开那里。"

每当你的孩子做了令你恼火的事情,你先冷静下来,思考他所做的事情是否真的错了,还是他只是在玩耍。尽可能想清楚这个问题:"把地毯上弄得乱七八糟有那么严重吗?他正在做一些对家人有害的事情吗?他在攻击他人吗?"

如果你的孩子只是在玩耍,而没有伤害到任何人,那你不必激动或责备他。要记住:没有给他人造成伤害的玩耍从来不是坏事。事实上,玩是孩子的天性,能给他带来更加积极正面的情绪与生活态度。

如果你非常爱惜客厅里的地毯,可以把它换成一块普通的地毯,或者暂时把地毯收起来,以便孩子可以自由活动。

你还可以把沙发罩上罩子，或者收起孩子可能会弄脏和弄坏的物品。

孩子躲在晾床单的地方玩，你为什么要生气？那里可是一个令人兴奋的世界，床单随风摆动，飘逸的感觉如同迷宫一样！想想孩子玩耍时的快乐和享受，如果他没有做错什么，就让他尽情玩吧。你还可以让他协助你晾晒床单，创造一个和他互动的机会。

只要你的孩子还小，要接纳他的不完美。请记住，培养孩子健康的情感，比总是保持整洁的房间重要得多。

孩子会记得与家人相处的美好时光

玛加："我记得童年时和父母兄弟姐妹在一起的美好时光。但我不记得我的家是否整洁。"

教育孩子比爱护物品更重要

在我女儿 5 岁的时候,我认识到"教育孩子比爱护物品更重要"。从那时起,我就在家里经常说这句话。因为我们认为这句话非常正确。当你的孩子发生小意外时,问问自己,他弄脏的墙壁或打碎的玻璃杯是否影响到你,以至于你表现出尖叫或惩罚。此外,作为教育者,教育孩子比爱护物品更重要。

玩水弄湿浴室

> 宝拉:"我不能把儿子独自留在浴室里,他会打开水龙头玩水,有时浑身湿透,弄得到处都湿淋淋的。"

你的孩子正在开心得玩耍,他也正在体会玩耍的乐趣。孩子都喜欢玩水,当然,要给他设定界限,不能随意浪费水。

🏀 如果你不想让孩子浑身湿透,可以在他玩水的时候给他穿件雨衣,或者如果你觉得有必要,可以让他把玩具带进浴缸里,在浴缸里泡澡、玩水。

我们的生命起源于水,人体内含量最多的物质是水。孩子喜欢玩水是天性。有研究表明,孩子对大自然会产生一种本能的亲近感。孩子玩水是在释放天性,也会和大自然产生联结。

孩子特别喜欢观察水花的变化。他们在观察的过程中，会通过动作和力度的一些改变，看到事物之间的因果关系。

触觉是他们获得感知和认知以及记忆力的主要方式。玩水不仅能丰富孩子的感官体验，感知力、创造力和想象力都会得到发展，让他们获得更多精神上的愉悦。

喜欢乱涂乱画

玛尔塔:"如果我没看住女儿,她会把墙壁,椅子,桌子……全都画花,我已经告诉她很多次不要这样做了,我还惩罚过她。但在我没注意到的时候,她还是会乱涂乱画。"

当你的女儿拿起画笔在墙上画画时,我向你保证,她并没有在想"我现在能做什么来违抗爸爸妈妈?"她只是看到了画笔,然后拿起画笔,在墙上画画。她可能记得你说过不准在墙上画画,但更吸引她的是画画的乐趣。她的大脑告诉她:"真有趣,去画吧!"而你生气的原因有三个:

1. 她不听话。
2. 她把墙壁弄脏了。
3. 你不得不清理墙壁。

❋ <mark>你需要设定规则和界限，不仅用口头表达，并且行动起来。</mark>给孩子准备一个专门画画的地方，比如买一块画板，或者买一张大幅贴纸贴在墙上，贴纸涂满后再更换新的贴纸；满足孩子用不同材质书写的愿望，给孩子提供多种绘画材料，比如蜡笔、铅笔、水彩笔、滚刷等，增强他们的感知力，满足他们的好奇心；培孩子一起画画，让他们体会到父母的支持。

❋ 在孩子的语言功能还未完善时，画画是他们表达自我的一种方式，所以不要干预孩子画画，更不要磨灭孩子对绘画的兴趣。

乱翻东西

路易斯:"我儿子2岁了,他喜欢把抽屉里的东西都翻出来。这真是一场灾难。"

想象一下,对于一个2岁的小男孩来说,探索未知的事物是多么有趣:原先整齐的物品,现在全都摆出来了,这对他来说就像做实验一样有吸引力!他喜欢摆弄物件,感知它的纹理、大小和重量。当你的孩子这样做时,他没有做错什么,只是在体验和玩耍,满足好奇心的同时,也在学习和探索这个世界。虽然可能给你带来了麻烦,比如整理孩子造成的混乱场面。

我的孩子们喜欢把橱柜里的木制器皿当成玩具,当我在厨房做饭或打扫卫生时,他们就自己摆弄它们。

你必须教孩子物归原位,这是一项重要的学习任务。如果你教得好,孩子也能体会收纳整理的乐趣。你可以和孩子一起整理,因为最初他找不到整理的乐趣,不愿意去做。

为了让他更容易采取行动，我会笑着对他说，"这些器皿不喜欢待在地板上，它们喜欢待在橱柜里，你可以帮它们回家吗？"

✺ 给孩子明确的信息，可以打开哪个抽屉。在纸上画一些笑脸，把它们贴在孩子可以打开的抽屉上，然后画一些哭脸，贴在你不想让他打开的抽屉上。把贴纸保留到你的孩子度过了喜欢打开抽屉的阶段；这个阶段不会很长，它会比你想象的要快，因为孩子很快就有新的兴趣了。

孩子对未知事物充满了好奇心，想去接触新的东西，这很正常。但这样的行为应该适度，家长需要让孩子有界限感，让孩子明白有些东西不属于自己，不能随意支配。当孩子逐渐明白了物品归属的重要性，就不会乱翻乱找，也会大大降低破坏东西的概率。

在家里吵闹

比阿特丽斯:"我的两个孩子平时都很乖,我没什么可抱怨的。可一旦他们玩游戏时,就会变得非常吵闹。即使我耐心地劝导,他们也不会停下来,除非我生气地吼叫他们。我还能怎么办呢?"

我希望你能理解孩子的需求和动机:他们需要活动。孩子有外出活动的时间吗?能在放学回家路上的公园玩一会儿吗?或者在晚餐后到户外散步或跳绳?这样可以满足他们对运动的需求。

如果你家有花园,就让孩子到花园里玩。如果你们只能待在家里,就鼓励孩子自制有趣又好玩的小手工、小玩具,转移他的注意力,培养他的专注力和动手能力。我在家里会和孩子们一起读书,家里非常安静。

🏀 在我们家里，有很多泡沫软球，孩子们也喜欢玩，把软球从一边传到另一边，不让它接触地面，不会发出很大的噪声，也不会打扰邻居。

🏀 你可以在家里设置一个隔音角落，铺上榻榻米或床垫，让孩子们在上面活动。

🏀 还有很多有趣的居家活动，比如，叠被子游戏、袜子配对、照顾宠物和花草、词语接龙、擦地比赛、算术游戏等等，这样的亲子活动，为家庭生活增添了活力，孩子在游戏中还会学到很多知识，更会留下美好的童年回忆。

我女儿把洗衣机弄坏了

阿隆索："我的女儿在做木工的时候，把一块木头靠在洗衣机上锯。她把木头锯断了，但把洗衣机上的塑料也弄坏了！但她没有注意到。我们的房子是租来的，所以不得不买新的洗衣机。然而，我没有像以前那样责骂她。我知道她不是故意的。她帮我在网上找到了同款洗衣机，然后换掉了坏的。我相信这比我以前对她发脾气更有教育意义。在那之后，她明白了要找到更稳妥、适合的地方做木工。"

章节摘要

- 请记住，孩子并没有做错什么，他们只是在玩耍，毕竟玩耍是他们的主要活动。
- 玩是孩子的天性，能给他带来更加积极正面的情绪与生活态度。
- 设定规则和界限，不仅用口头表达，并且行动起来。
- 教孩子物归原位，这是一项重要的学习任务。如果你教得好，孩子还能体会收纳整理的乐趣。
- 理解孩子的需求和动机：他们需要活动。

第 **12** 章

破坏行为和意外受伤

对于爱破坏东西的孩子来说,
父母需要耐心、细心地观察,
不要轻易地打骂孩子。

孩子是逐渐接触和认识外界事物的，遇到自己感兴趣的东西，会摸一摸，甚至是摔一摔，有时难免会损坏一些东西。

年纪小一些的孩子，神经系统没有发育好，小小的肌肉也不够发达，手脚动作不能很好地协调，所以他们的破坏性行为更多的是无意破坏。

孩子好动，在玩耍、打闹时很容易身体受伤，家长会采取很多防范措施，可过度的防范，不但不能百分百防止孩子受伤，还会阻碍孩子正常的身心发展。

作为家长，需要正确对待孩子成长过程中的"破坏"行为和"意外"受伤。

吃东西时会弄脏衣服

萝拉:"我的问题不是来自孩子,而是我的丈夫。当孩子吃饭弄脏衣服时,他会对孩子很严厉。尽管我告诉他这没什么大不了的,但他还是忍不住吼叫。"

我很理解这位父亲,他可能认为孩子弄脏衣服是故意破坏,也可能延续了原生家庭的教育方式。很容易想象,当他还小的时候,如果他弄脏了衣服,他会受到父母的很多责骂。其实,父母要先学会自我疗愈,再给孩子创造更好的原生家庭。

理想情况下,大孩子在吃饭时不会弄脏衣服,但如果小孩子弄脏了衣服,也不要责骂他。更重要的是,你应该教他们如何在吃饭时保持衣服干净。观察你的孩子是如何吃饭的,是勺子舀得太满吗?是他坐得离桌子太远吗?告诉他们应该怎么做,但也不要太过执着。

我曾被邀请吃饭,在吃饭的过程中,孩子的父母不断地教他用餐礼仪：坐直，拿好勺子，细嚼慢咽，保持干净……这对我来说都很难。一日三餐是一天中加强家庭联系的最重要时刻，这些联系比保持干净的衣服重要得多。请利用用餐时间来加强与孩子的联结和互动吧！

不要用成年人的标准来要求孩子。请你试着理解，孩子并没有故意破坏，而是正在学习使用餐具，但他不像你那么会熟练使用，他的协调性也不如你。对他来说，吃得干净比你想象中的更复杂。

你可以发起一个一周吃饭不弄脏衣服的挑战。如果孩子弄脏了衣服，你在日历上画一个哭脸，如果衣服保持整洁，画一张笑脸。不要太过执着！如果孩子还是把衣服弄脏了，也没什么大不了的，他会慢慢学会保持整洁的。

用轻松幽默的方法提醒孩子改正行为

有时候我们多次提醒、纠正孩子，以至于到最后他们觉得自己什么都做不好。我想了一个轻松幽默的方法。有一段时间，我的孩子吃饭时总弄脏T恤。我们没有每天提醒他："今天吃东西的时候，别再弄脏衣服了"，而是对他说："不要给T恤吃东西，它不喜欢吃扁豆"。孩子很快吸收了信息，也维护了自尊心。

当你纠正孩子错误的行为时，尽可能多用轻松幽默的方法。如果你看到地板上有一件夹克，指着夹克喊道："冰冷的地板上有一件夹克，它很不舒服，快拿起来！"。这种沟通方式可以让亲子之间产生更多的共同语言，从而营造轻松愉悦的沟通氛围。

第12章 破坏行为和意外受伤

总是弄坏东西

安吉拉和凯撒:"我们的女儿有些笨拙。我知道给孩子贴标签是不对的,但她确实是动作不灵活。她总是摔东西,还经常把东西弄坏,无论我们怎么跟她说,她都无法小心谨慎。"

你要做的第一件事就是不要给女儿贴标签,无论是好的还是坏的标签。尽管你没有明确表达出来,也是在给孩子贴上标签。因为当你心里想"女儿真笨"时,你的言行都是在针对一个笨拙的孩子。即使你没有说出"笨拙"这个词,她也会知道你是如何看待她的。也许你可以这样想:"这只是女儿生命的一个阶段,她很难小心地摆弄物件。我会帮助她,她以后一定会做好。"

我还要提醒你,不要在孩子无意弄坏东西时批评她。你的女儿总是把东西摔碎,我知道,你很难保持冷静,但你女儿不是故意摔碎杯子的,对她来说,每次打碎杯子也会令自己沮丧,所以责骂并不能真正解决问题。

<mark>最好的方法是事先提醒孩子。</mark>温和地对她说"小心点"。永远不要强硬地说:"注意点,别摔坏了!",这句话听起来像是提醒,更像是命令孩子,孩子的大脑收到的信息是"这个东西会掉下来"。

父母要以积极的方式给孩子提示,准确地告诉女儿你想让她做什么。例如,"当双手拿着盘子的时候,要慢慢走"。你不要强硬地说:"手里拿着盘子就不要跑!",因为孩子听到"跑"这个字,然后她会下意识地跑起来了。

<mark>对于爱破坏东西的孩子来说,他们的心理可能有多种类型,父母需要耐心、细心地观察,不要轻易地打骂孩子。</mark>如果孩子是无意的,就不要指责他。但如果是孩子的要求没得到满足,故意损坏东西,发泄不满的情绪,对这种故意破坏的行为,绝不能姑息迁就,要严厉批评。

❋ 家长要教给孩子如何正确使用物品,让孩子理解不同的东西作用是什么,在使用中有哪些注意事项。对需要轻拿轻放,不能触碰的东西更应该多多提醒孩子,给孩子建立规则,培养孩子的安全意识。

❋ 可以给孩子买一些能够拼插、组装的玩具,既能开发孩子的思维能力,又能锻炼他的动手能力。

✳ 作为家长，要保护孩子的好奇心，理性看待孩子的"破坏"行为，鼓励和引导孩子在合理的范围内探索，帮助孩子提高认知和丰富生活经验，要相信他会做得越来越好。

✳ 如果你看到桌子边上有一个杯子，你可以指着杯子对女儿说："哦，可怜的杯子！它不喜欢站在桌子边上，因为它害怕摔倒。"后面几次你可以简单地说："你的杯子更喜欢站在安全的地方。"当然，最好是由你的女儿自己将杯子拿到桌子的中间。

跳跃的叉子

玛格达："之前我们会批评儿子，因为他总是把叉子掉在桌子上，直到我们按照阿玛雅的建议去做。当我们坐在桌子旁，我们会问谁会拿到那把跳跃的叉子呢？如果儿子的叉子掉下来，我们就对他说：'哇，今天你又拿到了跳跃的叉子。'我们没有批评他。几周后，他就不再掉叉子了。"

经常摔倒

> 胡安:"我担心儿子会摔倒。我总是说'别跑,你会摔倒的。'如果他真的摔倒了,我会生他的气,有时甚至会打他。以前我父母就是这样对待我的。"

孩子从爬到站、走、跑、跳,是自然的成长过程,家长无须过分担心,应该注意保证安全。

过程中难免会摔倒,可这也是孩子体验失败和挫折的机会。即使孩子经历多次失败,家长能做的就是用行动和语言,帮孩子打气,给孩子信心。随着不断地练习,他会认识到努力的重要性,拥有站起来的勇气和不被打倒的毅力,也能在未来更好地面对挫折,拥有更强的抗挫力。孩子在疼痛中和家长的支持下完成了自我成长。

我的孩子在学习滑冰时,摔倒了很多次,他们最后学会了滑冰,也很享受滑冰;他们学骑自行车前,我给他们看了我膝盖上的伤疤,那是我童年时留下的,给他们做好了心理准备。

如果你担心孩子可能会受伤，请问自己三个问题：

1. 孩子会遇到哪些糟糕的事情？
2. 有同龄的孩子做这件事吗？
3. 孩子可以独自完成吗？

孩子们面临的最大危险往往是摔倒。在许多情况下，我们阻止孩子尝试，是因为害怕他们受伤。如果你对第一个问题的回答是，发生在孩子身上最糟糕的事情可能是摔断胳膊，那尽量不要让他去尝试。但如果我们阻止孩子类似跑步或攀爬的活动，告诉他们这些活动是危险的，因此带来的不安可能会一直伴随着他们。如果你想让孩子找到安全感，就在平时的生活中多鼓励他尝试各种活动，帮助孩子树立自信心。

如果你不确定参与一项活动对孩子是否危险，观察他周围同龄孩子的情况。如果所有正在参与这项活动的孩子都比他大3岁，那么可能现在不是恰当的时机。如果参与这项活动的孩子的年龄和体型都和他差不多，那么鼓励他积极参与。

孩子通过不断尝试，体会失败和成功，这种直观感受更加立体生动：努力做一些事情，专注于事情本身，成就强大的内心，也有信心抵御成长道路上的各种挫折。

不同年龄的孩子，适合的活动当然不同。为了降低孩子受伤的概率，你需要多了解多观察，尽可能地确定活动的危险程度，判断孩子是否有能力独立完成。如果是孩子力所能及的事情，家长适度关注就可以了，不要过于担心。==重要的是，培养孩子的思考力和掌控力，让孩子在失败中获得启发==：所谓成功，需要一边前进，一边调整前进的方向和步伐。

放手让孩子勇敢尝试

何塞："在回家的路上，我家的院子有一堵矮墙。女儿一直想自己翻过去，但每次我都坚持帮助她。前几天，我没有强迫她握着我的手，而是鼓励她自己翻过去。这是我第一次让她自己翻墙，我知道她已经准备好了。当她自己翻过矮墙时，我看见了她的笑脸，为她骄傲。"

适度关注孩子，允许他尝试

当孩子做力所能及，却令我担心的事情时，我通常会适度关注。如果我时刻关注,我会更担心,也许最后会忍不住阻止他。有时我会计算发生意外有多大概率,并得出结论:他摔倒的可能性远低于不摔倒的可能性,所以我会放心一点,允许孩子尝试。

女儿摔倒了,我不再对她大喊大叫了

玛丽亚:"以前,当我女儿从一个高的地方或从自行车上摔下来时,我很紧张,对她大喊大叫。我对她说:'你这样做很危险,难道要我一直看着你吗?'。她听到后大哭,我让她感觉更糟糕了。现在我明白了,她需要我的关心和照顾。前几天,我们带着雪橇在雪地里玩,女儿从一个陡峭的斜坡上滑下来,摔倒受伤了。我跑到她身边,没有像以前那样对她大喊大叫,而是抱着她,查看她手上的伤口,确保她没事。她很快就平静下来了,也没有像以前一样大哭,因为她感受到我的关心。在回家的路上,我们讨论了适合她滑雪的斜坡高度。我相信她下一次滑雪会更顺利。这一次我成功地与女儿建立了联结,我为自己的表现感到自豪。"

章节摘要

- 不要给孩子贴标签,无论是好的还是坏的标签。
- 用轻松幽默的方法提醒孩子改正行为。
- 孩子在疼痛中和家长的支持下完成了自我成长。
- 孩子通过不断尝试,成就强大的内心,也会有信心抵御成长道路上的各种挫折。

第 13 章

外出活动

为孩子在旅途中准备一些有趣的活动，
让他享受开车旅行的时光，
对安抚他的情绪非常有用。

在旅途中总是哭闹

> 阿祖塞纳:"我每天开车10分钟送孩子去学校,周末我会带他去我父母家,他们住在离我们开车半个小时的地方。孩子在车里总是哭闹,无论是短途还是长途。"

外出旅行和参加生日聚会理应是轻松愉快的,但对有的孩子来说却很困难,他会紧张不安。请你放下对孩子的高期望,你的任务是陪伴他,帮他走出困境。

在开车旅途期间,孩子很可能会感到是被关起来。因为在很长一段时间里,他没有行动自由。想象一下,对你来说是短途旅行,也许对孩子来说非常漫长,他可能还没有时间观念,坐着保持不动,会让他感到被束缚着,内心有很大的压力。

如果你有两个孩子,他们排解压力的方式可能是发生冲突。父母无法忍受孩子们的尖叫,在车里听上去似乎更大声,让人烦躁不已,对孩子们大喊大叫。

我建议你,如果你的孩子不喜欢待在狭小的车里,那就尽量减少开车旅行。如果在最近的旅行目的地和更远的目的地之间做出选择，请选择最近的那个。

如果车里还有其他成年人，他应该坐在孩子的旁边，安抚孩子不安的情绪，让他感到安心。相比在没有孩子时，你还要考虑适时停车休息，让孩子下车活动一会儿，愉快的情绪有助于顺利完成剩余的路途。你为旅行准备得越多越好。在旅行中给孩子带点健康的零食，能很好地分散他的注意力。我建议你带坚果、生食蔬菜或水果。

为孩子在旅途中准备一些有趣的活动，让他享受开车旅行的时光，对安抚他的情绪非常有用。最受年幼孩子欢迎的两个活动是唱歌和讲故事。为孩子唱几首歌，或者讲几个故事，这比孩子们在车里发生冲突要好得多。

相比于看电影或玩电子游戏，我更喜欢用有声读物来激发孩子的想象力，培养孩子的专注力。

对年龄小的孩子，可以玩"颜色看看看游戏"。"我看到一个蓝颜色的东西，你看看，在车里这种颜色的东西有几个？"或者，"你能找到一辆绿色的车吗？"

随着孩子的成长，你可以逐渐调整游戏的难度。我和孩子玩过讲故事的游戏：由一个人先讲一句话，然后下一个人接着讲一句话，直到故事结束。我的孩子们还喜欢玩"看国家名猜首都"游戏，也喜欢玩数字游戏。

第13章 外出活动

因为害羞,不想参加家庭聚会

安吉拉·玛丽亚:"我的儿子特别乖巧,亲戚朋友们都很喜欢他。但是,在参加家庭聚会时,他整天都和我在一起,哭个不停。他这是怎么了?"

人们最喜欢的活动之一就是聚会,比如家庭聚会和生日聚会。丰富可口的食物,有趣的活动……简直太棒了!但即便如此,许多孩子在聚会场合,他们更喜欢和父母待在一起,或者无缘无故地哭泣……

孩子在聚会中的表现令父母困扰。我们总是过于在意别人的眼光。事实上,我们经常在其他人对孩子做出评判之前,就主动辩解孩子平常不会这样。聚会时我们无法和平时难得一见的亲戚聊聊天,因为孩子在我们身边,我们会感到沮丧和愤怒。而孩子平时乖巧懂事,为什么每次聚会都离不开我们,动不动就哭呢?

你的孩子不是故意在聚会上这样做的。对他而言,聚会场所不是自己熟悉的环境,周围陌生的人和事给他带来太多的情感刺激，与很多的人互动也让他难以应付，不如他在家庭环境中有安全感。如此多的刺激冲击着孩子的大脑，以至于无法处理这些信息，他用两种方式屏蔽和回应：要么爆发（带着攻击性或哭泣），要么寻找一个安全的地方，能让他感到被保护（和你在一起）。

你需要引导孩子融入聚会，先陪他与其他玩伴一起游戏或互动，让他感受与他人交往的快乐，多鼓励他，唤醒他的集体意识。当孩子参加几次家庭聚会后，对亲戚朋友们逐渐熟悉，他也就不那么胆小和害羞了。父母要耐心地帮助孩子缓解社交恐惧，让他勇敢、自信地度过"认生"期。

让女儿按照自己的意愿过生日

罗莎琳德："阿玛雅，谢谢你让我意识到要尊重孩子的意愿。我不再给女儿压力。在女儿过生日那天，我不再举办隆重的生日宴会，而是尊重她的意愿，只邀请几个好朋友一起过生日。"

不和其他孩子一起玩

> 阿尔瓦罗:"我们的儿子5岁生日那天,我们为他举办了一次聚会,可他不愿和我们分开,不和其他孩子一起玩。我们让他去玩,他却总黏着我们。"

想象一下你的孩子遇到的困难:他非常兴奋,因为他邀请了班上的同学来参加生日聚会。但当他看到家长们带着孩子给他过生日的时候,他会不知所措,他无法离开父母,因为他感觉不安全。如果你强迫他去和小伙伴玩,他的不适会加剧。孩子仍然需要你的支持和鼓励。

我建议你学会预判孩子的困难。在生日宴会开始之前,你可以对他说:"朋友们都来给你过生日,你很开心,对吗?去和小朋友们一起玩吧!如果你需要,我会一直在你身边。"并且你要留意他的情绪变化,你可以问他:"玩得开心吗?你们一起玩这个游戏怎么样?"

让孩子看到你对他的理解。这不是过度保护,相反,你是在鼓励他以最适合他的方式与你分开,帮助他建立安全感。

外出就餐时表现得很糟糕

> 爱诺亚和马努埃尔:"我们的孩子外出就餐时表现得很糟糕。他们大喊大叫,站着不坐下……在家里他们吃饭很乖,但在餐厅里,他们表现得很反常。"

对年幼的孩子来说,遵守公共礼仪并不容易。比如外出就餐,那里有很多陌生人,很多噪声,孩子有时会感到不安。用餐结束后,成年人通常会继续交谈一段时间,那时孩子们不能自由行动,只能等待,无所事事。

如果你的孩子还小,尽量不要带他去外面的餐厅。当孩子长大了,学会公共礼仪时,准备好去餐厅了,你再带他一起去。最好选择亲子主题餐厅,那里的饮食更适合孩子。你可以在家里做一些孩子喜欢吃的东西,或者周末带孩子到公园野餐。

🏀 如果在特殊情况下,必须带小孩子外出就餐,那么你可以带上一些小玩具,或者选择一家露天餐厅,等孩子吃饱了,就可以在外面活动。不过,最好有一位成年人陪同。

孩子吃饭时能看手机吗?

许多父母在孩子吃饭时,给他看手机,比如播放动画片,让他边吃饭边看,这样他就能安静地吃饭了,不会打扰其他人。但是,父母的任务不仅是要让孩子学会安静地就餐,而且要教他基本的餐桌礼仪。

如果父母把手机摆在孩子面前,会分散他的注意力。孩子将无法学会耐心等待,越发不愿与人互动、交往,也不知道该如何控制自己的情绪。此外,孩子专注于边吃饭边看手机,不能纯粹地品味食物,也不能很好地控制食物的摄入量,这种不良习惯可能会导致胃肠功能紊乱,影响孩子的生长发育。

章节摘要

- 为孩子在旅途中准备一些有趣的活动,让他享受开车旅行的时光,对安抚他的情绪非常有用。
- 引导孩子融入聚会,与其他玩伴一起游戏或互动的快乐。
- 父母的任务不仅是要让孩子学会安静地就餐,而且要教他基本的餐桌礼仪。

后 记

有松弛感的孩子走得更远

我从数百名成功建立和谐家庭的父母身上看到了"松弛感对和谐的家庭关系至关重要"。想要孩子在具有松弛感的家庭里长大,最重要的是父母要做出以下5个方面的转变:

- 从专注于孩子的错误行为,转变为专注于与孩子建立良好的联结。
- 从责骂孩子,转变为陪伴和指引成长的道路。
- 从敌视孩子,转变为帮助孩子克服困难。
- 从使用敌意的语言(尖叫、惩罚、威胁),转变为使用欢乐和松弛的语言。
- 从优先考虑物质生活,转变为优先考虑包括自己在内的所有人的情感需求。

改变教养态度，就要先把爱放在家庭关系的中心，让孩子既看见爱，又感受到爱，深厚的爱能给孩子带来松弛感。 孩子从小生活在一个松弛愉悦的环境中，那么长大后他会从容面对各种挑战，这种积极的情绪力量也会传递下去，影响周围的人和事物。

在我看来，让孩子身心健康的成长是父母的责任，而父母深切的爱和尊重是孩子茁壮成长的必要条件。

我知道父母要实现这些转变很难，也许你需要寻求帮助，找到方法，在事情不顺利的时候知道如何采取行动。这就是为什么我写这本书的初衷，希望这本书能帮助父母以松弛的状态养育自己的孩子。

从今天起，每天重复这句话，"我要用深切的爱和尊重对待我的孩子"。用松弛感与孩子建立联结，你的改变将意味着孩子的改变。有松弛感的家庭，孩子从小幸福到大。

家本该是一个有爱的、温暖的避风港。生活在松弛感的家庭中，孩子一定是幸福快乐的，会收获安全感和幸福感，他的心理承受能力也会更强，更有勇气面对人生的挑战。